観光庁 監修

ニッポンのお・み・や・げ

魅力ある日本のおみやげコンテスト
2005—2015
受賞作総覧

Japanese O・MI・YA・GE

日本地域社会研究所 編

日本地域社会研究所

編集協力／ふるさと祭り東京実行委員会
公益社団法人 日本観光振興協会
一般社団法人 日本旅行業協会
舟宮光春　御友重希　中尾博兆　齋藤教子

表紙・本文／デザイン・レイアウト・制作　九澤賢一（Creative Juke）

「魅力ある日本のおみやげコンテスト」について

監修＝観光庁

　2005年から2013年まで9年間、観光庁がビジット・ジャパン・キャンペーンの一環として実施した「魅力ある日本のおみやげコンテスト」は、国内から海外まで誰もが喜んでもらえるような「おみやげ」を日本全国各地から募集し、知られざる日本の魅力を再発見できるような逸品を発掘するために行ったコンテストです。また、日本の伝統から最新の技術やデザイン、名産や食などを広く紹介し日本及び地域ブランドの振興を図り、さらには、日本の魅力を海外に伝えることで訪日旅行を促進することを目的として実施しました。

［経緯］
　「魅力ある日本のおみやげコンテスト」を、民間の視点を取り入れた新しい発想で斬新なコンテストとして発展させるため、2014年からふるさと祭り東京実行委員会が事業を継承しました。現在は、実行委員会が東京ドームで開催されている「ふるさと祭り東京」で、「おみやげグランプリ」としてリニューアルをして実施しています。

［審査・受賞について］
　おみやげコンテストでは、航空便などの長距離移動を考慮して、大きさや重さなど持ち運びに適しているものを応募要件とし、日本を代表するおみやげとして特徴的かつ機能性が高く、より魅力的であると思う商品にグランプリ、部門別賞（金賞・銀賞・銅賞）、LUXURY賞、REASONABLE賞、各国・地域賞を付与しました。
　2015年1月の「おみやげグランプリ2015」では、フード・ドリンク部門とグッズ・ノベルティ部門の2部門からなり、アイデア、デザイン、コストパフォーマンス、美味しさ、面白さ、日本らしさをポイントに、グランプリや準グランプリ、各部門のグランプリ商品から選定される観光庁長官賞、各国賞や個別賞が付与されています。

目　次

北海道・東北 ………………… 7

北海道 ……………………… 8
- 札幌タイムズスクエア
- 北海道銘菓「き花」
- 木Glass（きぐらす）ぐいのみうず竜巻
- 北海道 倉島チーズ大福

青森県 ……………………… 10
- 南部せんべい手焼きセット
- ソフトりんご ふじ
- ３つのおきあがり小法師

岩手県 ……………………… 12
- 木象嵌 茶托
- 風鈴 線香花火（金・黒）

秋田県 ……………………… 13
- 秋田美人旅情セット
- 東北の底力 Ｔシャツ

福島県 ……………………… 14
- 木製黒ミニ宝石箱 桜 オルゴール付
- しらかわだるま酒 500ml
- 漆塗り iPhone6 カバー　NOBUNAGA

関　東 ………………………… 17

栃木県 ……………………… 18
- 大江戸味めぐり

群馬県 ……………………… 18
- 箸「螺鈿 桜」
- 浮世絵タンブラー
- 根付・携帯クリーナー
- アイポーチ
- occs. KD DARUMA
- 高崎だるま「ちいさな幸福」
- 蕎麦パスタ リングイネ

埼玉県 ……………………… 23
- 古酒とお米のチーズケーキ「八極」
- 匠の技を集結～アート消しゴム～
- おもしろ消しゴム（商標登録）

千葉県 ……………………… 25
- ご当地和柄こけし置物
- 日本浴衣
- リアルマグメット にぎり寿司各種
- みどり浴衣
- 着物リメイクテーブルランナー
- 招き猫・だるまセット
- Enjoy Peanuts いちご

東京都 ……………………… 29
- ハニーカステラ１Ａ号
- 旅の宿
- 北斎浮世絵プリント トートバッグ
- 江戸切子風鈴（桜）
- 開運招き猫さん 白猫
- 江戸っ子
- 江戸切子 桜グラス
- 着物ボトルウェア
- ヨックモック さくらクッキー
- 街並はがき
- 蒲田切子 蒲田モダン水鏡ペアセット
- 浮世絵 グリーティングカードセット
- 寿満保収納具
- 江戸切子 ぐいのみ赤・黒 市松紋様
- kimonoボトルカバー
- 青竹酒器三点揃い
- 八千代切子・墨色 杯（竹垣柄）
- 八千代切子・万華鏡 杯　ペアセット
- 丸めるメモ ku・ru・ru ukiyo-e
- 江戸硝子 富士山グラス
- 江戸硝子 ワインブラー フリーカップ

神奈川県 …………………… 42
- 箱根寄木細工 ５寸１０回秘密箱
- 色彩富士せっけん シンメトリー
- 醤油絵皿

中　部 ………………………… 45

新潟県 ……………………… 46
- 純米吟醸 八海山
- 新潟「柿の種進物缶」
- 玉響 雅～たまゆらみやび～

玉響 紙匠〜たまゆらししょう〜

富山県 ……………………… 48
　そろり－S－（花瓶 真鍮製）
　招き猫（黒・白）
　しろえびせんべい
　八尾和紙でできたミニバッグ
　T五（ティーゴ）
　最中の皮屋の最中

石川県 ……………………… 51
　組盃 時代画風
　九谷焼USBメモリ「電子陶箱」
　小判楊枝入れ「蘭」
　豆皿 名品コレクション
　金福郎
　九谷和グラス
　九谷焼カップ＆ソーサー 時代画風
　うちわ銘々皿『四季』
　姫ダルマ サクラサク
　高盛り蒔絵 iPhoneカバー
　九谷焼 色絵折り鶴
　iPhone カバージャケット 金蒔絵
　いろえ はしおきこれくしょん
　金澤画帖

福井県 ……………………… 59
　アロマ和ろうそく 灯之香
　酔蝶花

山梨県 ……………………… 60
　桔梗信玄餅
　信玄桃
　桔梗信玄生プリン

長野県 ……………………… 62
　信州安曇野産 本わさび
　黒塗長角小箱 ぶどう葉蒔絵

岐阜県 ……………………… 63
　均窯桜富士2客酒器揃
　ふる里夫婦湯呑
　美濃陶酔 かくとくり
　紅金富士タンブラー
　純米大吟醸 ひだほまれ天領 籠入り

静岡県 ……………………… 65
　醤油わさびドレッシング
　忍者霧隠れ・相撲（緑茶）

　カメヤ おろし本わさび
　浮世絵缶入り 煎茶・玄米茶
　わさび塩
　花鳥風月
　わさびスパイシーデイップ
　細波
　かわいいなかまたち（人形缶）
　富士山リバーシブル缶入り 煎茶

愛知県 ……………………… 71
　元祖 福を招くまねき猫
　はしわたし 日本の美【桜】
　ゆかり〈黄金缶〉
　粋柄エコバッグ
　雛人形 彩
　畳の時計
　常滑焼 ちぎり絵和紙 萬助猫
　絹の思い出
　畳のペットボトルカバー

近　畿 ……………………… 77

三重県 ……………………… 78
　額入り美人

京都府 ……………………… 78
　扇子「一文字染抜扇子」
　宇治茶・抹茶菓子セット
　西陣KARAORIフレーム
　煎茶 都の巽
　匂い袋
　竹しおり
　お寿司のキャンドル おみやげセット
　ボストン型小銭入
　ちりめん風呂敷 椿
　本物そっくり お寿司キーホルダー
　黒のおたべ
　アイラブ寿司 Tシャツ
　友禅風呂敷
　いせ辰 シャンタンチーフ 梅
　本物そっくり お寿司のマグネット
　お寿司のUSBメモリー おみやげセット
　日本のアートゴルフボール

貼付地下足袋 傾き（かぶき）
おくるみ人形うさぎ
抹茶セット
塗りマグボトル
木目込人形
コロモバイル
雲竜和紙ランプ
ふりカレー（ミル容器入れ）
丹後ばらずし 玉手箱

大阪府 ………………………… 96
日本人形6号扇
縮緬お寿司シリーズ
堺 Tシャツ
寿司飴
三角ようじ20本和風柄 3コセット
つげ櫛（和泉櫛）

兵庫県 ………………………… 99
巾着入抹茶クッキー
日本酒「ミニ菰樽」

奈良県 ………………………… 101
Tatami i-Pad iPhone ケース

和歌山県 ……………………… 101
梅damono
tomato-ume（とまと梅）
ミニ衝立「古都」

中国・四国 ………………… 105

鳥取県 ………………………… 106
雲太

島根県 ………………………… 106
ペーパー和ふきん
2号花台

広島県 ………………………… 107
備前「折鶴」
酒のいろいろ物語
熊野筆 和風化粧筆セット
祇園坊柿 チョコちゃん
たこ焼きにしか見えないシュークリーム

山口県 ………………………… 110
羽ばたくま白石ミーナスペシャル

着物リメイク正絹ストラップ

徳島県 ………………………… 112
阿波和三盆糖 『遊山』

愛媛県 ………………………… 112
日本酒「媛の愛」

高知県 ………………………… 113
ままごとセット
オス鶴 やまと

九州・沖縄 ………………… 115

福岡県 ………………………… 116
おひなさま～日本茶ギフト～
世界遺産の香り 屋久杉 香り箱
misoya no kitchenシリーズ DIPみそ
ゆずすこ
The SAMURAI AGE 兜キャップ・頬当て
竹千寿
SAMURAI AGE ボトルカバー サムライ鎧
兜飾り（カブトカザリ）
花結び香

佐賀県 ………………………… 120
花紋飯碗（黒、赤）
有田焼マウスパッド 桜樹紋
古伊万里酒カップ「NOMANNE」
セラミック ワインキャップ
ハローキティー 組み木
有田焼 古伊万里ワインカップ（小）
富士山 ペアぐい呑
有田焼 マグネット
mokumogu 木のフォーク
花鳥風月 箸置

熊本県 ………………………… 126
隠れ里の柚子こしょう

鹿児島県 ……………………… 126
鹿児島 黒豚黒カレー
桷志田の食べる黒酢 ちょい辛

沖縄県 ………………………… 127
沖縄柄お箸 5本セット
和装箸袋

● 北海道 ●
Hokkaido

札幌タイムズスクエア
Sapporo Times Square

2007年 タイ賞

ふわふわの蒸したスポンジ生地で、カスタードクリームと北海道産の小豆を炊いた小豆餡を包んだまろやかでクリーミーな風味のカスタードケーキです。カスタードクリーム入りの「プレーン」と小豆餡も入った「アズキ」の2種類入りです。
- 16.5cm×16.5cm×4cm
- (4個入り)¥630〈税別〉

菓か舎（株式会社三八）
KAKASHA SANPACHI
札幌市中央区南1条西12丁目322番地
TEL. 011-271-1138
FAX. 011-271-1196
http://www.kakasha.com

● 北海道 ●
Hokkaido

北海道銘菓「き花」
KIBANA

2007年 カナダ賞

「き花」はダイヤモンドダストをイメージした北海道銘菓です。クーベルチュールホワイトチョコを香ばしいアーモンドガレットでサンドしました。モンドセレクション28年連続金賞受賞のスイートな味わいをお楽しみください。
- 30.0cm×18.0cm×3.0cm
- ¥1,352〈税別〉

株式会社 壺屋総本店
TSUBOYA-souhonten
旭川市忠和5条6丁目5-3
TEL. 0166-61-1234
FAX. 0166-62-0647
http://www.tsuboya.net

● 北海道 ●
Hokkaido

木Glass（きぐらす）
ぐいのみ　うず竜巻
木 (ki) Glass Sake-cup Tornado

2014年　韓国賞

自然の賜物お酒のイメージを"木"に託し酒器を制作。ガラスと木工芸の協働がコラボレートデザインの先駆けに。以来30年、洗練された造形美から全国の個性的料飲店でご愛用いただくまでに。日本酒文化の海外普及の担い手にと願っています。

● 10.5㎝×7.5㎝×7.5㎝（約）
● ￥3,600〈税別〉

淳工房
JUNCOBO
旭川市旭岡2-8-1
TEL. 0166-53-8512
FAX. 0166-53-8536
http://juncobo.sakura.ne.jp

● 北海道 ●
Hokkaido

北海道　倉島
チーズ大福
Hokkaido Kurashima Cheese Daifuku

2015年　飲料・食品部門：グルメ賞

美しい自然に育まれた酪農王国に和洋の味が出会って「チーズ大福」が誕生。フレッシュなオリジナルチーズをニセコの雪を思わせる白くて柔らかいお餅で包みました。新感覚のスイーツが早くも外国人観光客をとりこにしています。

● 8.0㎝×10.0㎝×2.0㎝
● ￥140〈税別〉

倉島乳業（株）
Kurashima Nyugyo
岩内郡岩内町字宮園225番地
TEL. 0135-62-1043
http://www.kurasima.com/

● 青森県 ●
Aomori

南部せんべい手焼きセット
NANBU Crackers Hand Baked Set

2008年　地元原材料を使った食品部門：金賞

南部せんべい発祥の地八戸から八戸地域ならではの南部せんべいがカセットコンロなどで焼ける手造りキットです。
1. もちっとやわらかい独特の"てんぽせんべい"（半生の状態に焼いて食べます）とさっぱりした甘さのクッキー風ピーナッツせんべいが焼ける2種類のせんべい粉がセットされています。
2. 粉はどちらも八戸の老舗せんべい店が実際使っているものです。
3. 焼き型は少し重みがある本物の南部鉄器製。インテリアにも人気です。
4. 焼き方が簡単にわかるDVDが付いています。
● 43.0cm×16.0cm×8.0cm
● ¥5,186（税別）

公益社団法人八戸市物産協会
Hachinohe-shi Bussan Kyokai

八戸市一番町1丁目9-22
TEL. 0178-23-4888
FAX. 0178-23-4890
http://hachinoheshi-bk.or.jp/

● 青森県 ●
Aomori

ソフトりんご　ふじ
Soft Apple Fuji

2006年　タイ賞

新鮮な青森りんご「ふじ」を厚さ約1cmにスライスし、フリーズドライしました。サクッとソフトな口あたりですが、りんごの甘酸っぱさと香りまでも凝縮された驚きの食感。無添加・無着色で安心してお召し上がりいただけます。
- 23.0cm×17.0cm×5.0cm
- ¥400（税別）

(株)はとや製菓
Hatoya-seika
青森市大字幸畑字谷脇69-1
TEL. 017-738-3500
FAX. 017-738-7591
http://www.a-hatoya.com/

● 青森県 ●
Aomori

３つのおきあがり小法師
Three kinds of stand-up dolls

2013年　フランス賞

何度倒しても起き上がる姿に日本と世界の経済再生と安定の願いを込めた、東北発の商品。2012年10月東京都内で開催された、第67回IMF・世界銀行年次総会公式記念品として、日本政府から1万人を超える会議ゲストに贈られました。
- 福島張り子　2.3cm×3.3cm
  宮城ケヤキ　2.5cm×3.4cm
  南部鉄器　　2.5cm×2.6cm
- ¥5,000（税別）

(合)teco LLC
teco LLC
青森市浪岡大字女鹿沢字野尻4-2
TEL. 050-5532-9521
mail: shobido-honten.com

● 岩 手 県 ●
Iwate

木象嵌　茶托
Inlayed wooden coaster

2008年　オーストラリア賞

古くから伝えられてきた象嵌技法でつくられた茶托。木地の表面を彫り、色の異なる木を嵌（は）め、日本の四季を表しました。岩手の女性達の手で丁寧に仕上げられた、天然木の色合いや木目も楽しんでいただける茶托です。
- 素材:ウォールナット
- 9.0cm×9.0cm×1.0cm
- ¥1,500（税別）

(有) 夢工房
Yume Koubou
北上市村崎野20-70
TEL. 0197-68-2230
FAX. 0197-68-2358
http://www.iwate-yumekobo.com

● 岩 手 県 ●
Iwate

風鈴　線香花火
（金・黒）
Cast Iron Wind bell

2011年　香港賞

南部鉄の美しい音色は夏の生活にとても涼やかな風の演出をしてくれます。
日本の風土ならではの、繊細な音色をお楽しみください。
夏の風物詩・線香花火を表面にあしらいました。
- ¥1,100（税別）

(株)岩鋳
IWACHU
岩手県盛岡市南仙北2-23-9
TEL. 019-635-2501
http://www.iwachu.co.jp

● 秋 田 県 ●
Akita

秋田美人旅情セット
Akita-bijin Ryojyo Set

2007年　中国賞

受賞品は桜の邦セットの名称でしたが、今は秋田美人旅情セットとなり、秋田空港、秋田駅、県内道の駅で主に販売されています。酒屋風の布袋に秋田のキャラクターをデザインし、300mlのお酒を2本入れた商品です。
● 7.0cm×19.0cm×22.0cm
● ￥1,200〈税別〉

秋田誉酒造（株）
AKITAHOMARE Shuzo ,
由利本荘市砂子下3
TEL. 0184-22-5231
FAX. 0184-22-5232
http://www.osake.or.jp/kuramoto/13akitahomare.html

● 秋 田 県 ●
Akita

東北の底力　Tシャツ
The northeastern real ability T-shirt

2012年　インド賞／イギリス賞

東日本大震災からの復興を誓って製作。墨字で「東北の底力」、その下に「この町に生まれ　この町で育ち　この町で泣き　この町で笑い　この町に育てられ　だから　この町のために」というメッセージ。売上の一部は義援金として寄付。
● S、M、L、XLサイズ
● ￥2,300〈税込〉

あきたごころ
AKITAGOKORO
秋田市山王6-1-5　太平ビル3F
TEL. 018-853-7695
FAX. 018-853-7418
http://www.akitagokoro.com

● 福島県 ●
Fukushima

木製黒ミニ宝石箱 桜 オルゴール付
Wooden black mini jewelry box with sakura music

2008年　職人技部門：銀賞

木製会津塗りのミニサイズのオルゴール付宝石箱。手のひらに乗るかわいいサイズで、蒔絵も黒の地色にピンクの桜が印象的で、熟練の職人の手によって仕上げられています。小さいので海外へのお土産・プレゼントとして喜ばれています。

- 13.7㎝×8.8㎝×5.4㎝
- ￥5,000〈税別〉

(有)マルソ工芸
Maruso Kougei
会津若松市相生町3-1
TEL. 0242-22-6105
FAX. 0242-25-0175
http://www.jimeikin.com

● 福島県 ●
Fukushima

しらかわだるま酒 500ml
Shirakawa Dharma doll liquor　500ml

2009年　日本の食品部門：銀賞

ひげは亀、眉は鶴、あごひげは松、びんひげは梅、顔の下には竹を模様とした白河だるまは左目を描き、願をかけると必ず成就する縁起物。手焼き陶器の白河だるまに飲み易いこだわりの日本酒を詰めました。飲んだ後は飾って楽しめます。

- 12.5㎝×12.5㎝×13.5㎝
- ￥1,500〈税別〉

千駒酒造(株)
Senkoma Shuzou
白河市年貢町15-1
TEL. 0248-23-3057
FAX. 0248-22-0259
http://www.senkoma-shuzou.co.jp/

● 福島県 ●
Fukushima

漆塗り iPhone6 カバー NOBUNAGA
authentic lacquer iPhone6 Cover NOBUNAGA

2012年　シンガポール賞

武将・織田信長が戦で身に着けた"緋羅紗地木瓜桐紋陣羽織"をiPhoneに着せる！
cavreは日本固有の工芸素材・漆を現代のツール甦らせるコンセプトで会津から発信しているブランド。漆の手触りを日々の暮らしで感じて下さい。

- 6.7㎝×13.8㎝×0.7㎝
- ¥9,450（税別）

(株)関美工堂
SEKIBI KODO
会津若松市天寧寺町7-38
TEL. 0242-26-1313
FAX. 0242-27-3154
http://www.b-prize.co.jp

おみやげ四方山話

お土産に迷ったら……

　人に贈り物をすることは、なかなか難しいものです。旅先でお土産を選ぶときも同じですね。家族や親しい人など、贈る相手の好みがわかっているなら、選びやすいでしょうが、自分がいいと思っても、例えば、好みに合わない飾り物など、もらう側にしてみると、「欲しくないもの」であることも。親しい人や大切な人からのお土産であればあるほど、その扱いには困ってしまいます。

　そうしたことを考えると、お土産選びに迷ったら、「消えるもの」、つまり食べたり使ったりできる消耗品を選ぶのがいいでしょう。どんな観光地でも、銘菓など食品のお土産はいくつかありますし、その中には、伝統があったり、全国的に有名だったりする〝超定番品〟があるはずです。

　ところで、帰省やお気に入りの観光地やリゾートなど、毎年同じ場所に出かけるケースも少なくないですね。そんなとき、「去年と違うお土産を探さなくては…」と考える人がいるかもしれませんが、あえて同じものを選んでみてはいかがでしょう。贈る相手が気に入っているのであれば、同じお土産を贈られることを折々の楽しみとして待っていてくれるかもしれません。

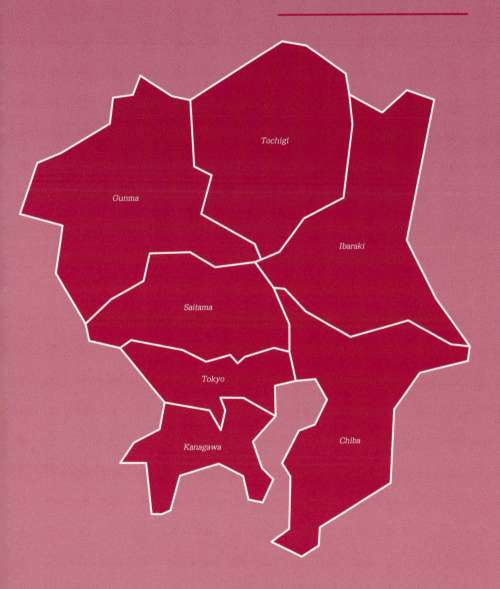

● 栃木県 ●
Tochigi

大江戸味めぐり
Ooedo Ajimeguri

2014年　飲料・食品部門：入選

国産の若採り里ごぼうを、京都産の梅肉にかつお節を加えてさっぱり漬け込んだ「あっさり梅ごぼう」と、5種類の国産野菜を本醸造しょう油でじっくりと漬け込んだ「ミックスたまり」の詰め合わせです。
● 22.5㎝×12.0㎝×2.0㎝
● ¥1,000〈税別〉

(株)おばねや
OBANEYA
小山市神鳥谷1747-1
TEL. 0285-28-6878
FAX. 0285-28-6908
http://www.obaneya.co.jp

● 群馬県 ●
Gunma

箸
「螺鈿　桜」
Chopsticks "Raden Sakura"

2006年　生活用品その他実用品部門：銅賞

天然の貝で花びらをあしらった螺鈿のお箸。貝のやさしい輝きがワンポイントになっています。木地の風合いをお楽しみいただける拭き漆仕上げ（漆塗装）。どこか心を落ち着かせ、あたたかみを感じる天然木のお箸です。
● 24.0㎝×2.0㎝×2.0㎝
● ¥1,500〈税別〉

(株)箸久
HASHIKYU
前橋市大友町3-2-2
TEL. 027-289-6411
FAX. 027-289-6412
http://www.hashikyu.com/

- 群馬県 -
Gunma

浮世絵タンブラー
UKIYOE Tumbler

2007年　生活用品その他実用品部門：銀賞／イギリス賞

コーヒーショップ等でお馴染みのタンブラーを浮世絵等の絵柄やちりめんといった純日本的な素材を使ってユニークな商品に仕上げました。実用品ながらも日本的かつおしゃれ、外国人向けのお土産として高い評価をいただいています。
- ∅ 約7.5cm×17.0cm
- ¥1,200〈税別〉
  ちりめんタンブラー ¥1,500〈税別〉

(株)コーセンドー
KOSENDOU
館林市松原2-20-2
TEL. 0276-72-1024
FAX. 0276-72-1743
http://www.yellowweb.co.jp

- 群馬県 -
Gunma

根付・携帯クリーナー
Cell phone cleaner

2007年　食生活用品その他実用品部門：銅賞

携帯電話などの画面の汚れをサッと拭き取るクリーナーを浮世絵や漢字、寿司、観光地など日本的な絵柄を用いおしゃれな根付風に作り上げました。便利で軽い本商品は気軽に配れる外国人へのお土産として高い評価を得ています。
- 2.5cm×5.0cm×0.3cm
- ¥350〈税別〉

(株)コーセンドー
Kosendo
館林市松原2-20-2
TEL. 0276-72-1024
FAX. 0276-72-1743
http://www.yellowweb.co.jp

● 群馬県 ●
Gunma

アイポーチ
iPouch

2009年　COOL JAPAN 部門：金賞／フランス賞

iPodという人気商品を保護・収納するアイテムを企画するに当たり、なるべくかさばらず、出し入れも簡単であることを一番に考えました。一方、デザインとしては、外国人に人気の漢字を用いたシンプルでクールな漢字シリーズとちりめんの優しい質感と華やかな絵柄をそのまま生かしたお洒落なちりめんシリーズを作りました。iPodだけでなく当時のiPhoneやデジカメにも使えるサイズだったので、幅広い商品のカバーとしてお使いいただくことができました。漢字やちりめんを用いたことで、便利で実用的であるばかりでなく日本らしさが漂う商品として外国人に喜ばれるお土産として高い評価を頂きました。iPouchというネーミングも好評価だったそうです。

● 12.0cm×7.2cm
● ￥1,200〈税別〉

（株）コーセンドー
Kosendou
館林市松原2-20-2
TEL. 0276-72-1024
FAX. 0276-72-1743
http://www.yellowweb.co.jp

● 群馬県
Gunma

occs.　KD DARUMA
occs.　KD DARUMA

2014年　観光庁長官賞／工芸品部門：グランプリ

温故知新をコンセプトに伝統工芸品の「縁起だるま」を現代風にアレンジした品です。レーザー加工を施したシートから24個のパーツを抜き取り、組み立てることにより立体形状の「だるま」が完成されます。
お土産品という性質上、組み立てる前はビジネスバック等にも収納しやすい、軽量でスマートな形状としました。また、外国への日本土産を意識し、パッケージに記載された内容は、全て英語表記を併記しています。

● 14.0㎝×29.7㎝×1.5㎝（パッケージ状態）
●（ダンボール製）¥1,800〈税別〉
●（シナベニア製）¥3,500〈税別〉

エムケイ製作所
Emu Kei Seisakusyo
高崎市小八木町417-1
TEL. 027-362-6619
FAX. 027-363-2771
http://www.mar-kers.com/

● 群馬県 ●
Gunma

高崎だるま「ちいさな幸福」
Takasaki Daruma Doll "small happiness"

2013年　インド賞

約200年の歴史と伝統を誇る「高崎だるま」。高さ9cmの小さなダルマさんに、赤には伝統的な「福」を白には「幸」と並べて「幸福」となるように書き込んだもの。「だるま」「紅白」「幸福」と海外の方に日本らしさを感じていただける商品です。
- 10.2cm×15.6cm×8.3cm
- ¥926〈税別〉

大門屋物産（株）
Daimonya Bussan
高崎市藤塚町124-2
TEL. 027-323-5223
FAX. 027-326-4100
http://daimonya.jp

● 群馬県 ●
Gunma

蕎麦パスタ リングイネ
Soba Pasta

2015年　飲料・食品部門：クールジャパン賞

首都圏の源流の町みなかみ町産の蕎麦粉と水が生んだ「蕎麦パスタ」。殻まで引いた力強い香りと生パスタながら保存料無添加で常温長期保存が可能。通常のパスタ同様パスタソースに絡めて召し上がれ。調理時間はたった4分と手軽。
- 12.0cm×10.0cm×2.0cm
- ¥444〈税別〉

そば処角弥
Soba Kadoya
利根郡みなかみ町幸知189-1
TEL. 0278-72-2477
FAX. 0278-72-3532
http://www.kadoya-soba.com/

● 埼玉県 ●
Saitama

古酒とお米のチーズケーキ「八極」
Hachi Goku a cheese cake made with Japanese Sake&rice

2014年　飲料・食品部門：準グランプリ受賞

外秩父の山に囲まれ"武蔵の小京都"といわれる埼玉県小川町は紙と酒の街で有機無農薬農業が盛ん。自然志向の強い土地柄が育んだ、晴雲酒造の熟成された古酒と、ダンテの濃厚チーズケーキとが出会い、ケーキには小麦粉ではなく、米粉を使用して焼き上げました。
チーズとお酒、発酵食品どうしの絶妙な相性と、作り手のこだわりから杉の酒枡型で焼いた、その口に溶ける深い芳醇な味と香りは豊かな風土を思わせる傑作となりました。
日本の食品文化と洋菓子、和洋の重なりをお楽しみ下さい。

- 26.0㎝×9.0㎝×7.0㎝　3個入り(木の枡1個付き)
- ¥2,200 (税別)

手作りチーズケーキの店　ダンテ
DANTE
さいたま市浦和区元町1-31-15
TEL．048-883-8600
FAX．048-767-4103
http://www.dante.co.jp

● 埼玉県
Saitama

匠の技を集結
～アート消しゴム～
Omosiro kesigomu (Puzzle Eraser)

2008年　COOL JAPAN 部門：金賞／中国賞

異なる色の部分は部品ごとに成形をして、後から組み手てる立体パズルのような消しゴムは、成形、組立、パッケージ資材、全てにおいて日本製です。
小さな子供から大人のコレクターまで魅了する細部までこだわったディテールに、収集家もいるほどです。
消しゴム制作現場を一目見ようと海外からも人が訪れます。
また、実際に良く消えるところに実用性があり、おもちゃではない文房具としての機能性も持ち合わせています。

- 3.0cm×3.0cm×3.0cm
- ¥50〈税別〉

(株)イワコー
Iwako
八潮市大瀬184番地1
TEL. 048-995-4099
FAX. 048-997-3109
http://www.iwako.com

埼玉県
Saitama

おもしろ消しゴム（商標登録）
Japaneese puzzle eraser

2012年　COOL JAPAN 部門：銅賞

異なる色の部分は部品ごとに成形し、後から組みたてる立体パズルのような消しゴム。小さな子供から大人のコレクターまでを魅了する細部までこだわったディテールに、消しゴム制作現場を一目見ようと海外からも人が訪れます。

- 15.0cm×9.5cm×3.0cm
- ¥350（税別）

(株)イワコー
Iwako
八潮市大瀬184番地1
TEL. 048-995-4099
FAX. 048-997-3109
http://www.iwako.com

千葉県
Chiba

ご当地和柄こけし置物
Japanese Sightseeing spot KOKESHI doll

第5回　香港賞

日本を代表する伝統工芸品「こけし」は、日本のおみやげとして、根強い人気を博しています。
日本の代表的観光スポットをこけしに描いたこの商品は、かっこうの日本みやげとして、海外の観光客にも幅広く愛されています。

- 7.5cm×5.0cm×3.4cm
- ¥500（税別）

(株)石川物産
Ishikawabussan.Co.Ltd
成田市大清水214-3
TEL. 0476-35-7131
http://www.ishikawa-bsn.co.jp

● 千葉県 ●
Chiba

日本浴衣
Midori Yukata for Ladies

2009年　オーストラリア賞

最も美しい民族衣装の一つ日本の着物を、外国のお客様にも簡単に着られてしかも実用的な浴衣を作りました。世界中の方々に毎日の暮らしの中で日本の浴衣の快適さと、日本の伝統美を楽しんでいただきたいと思います。

- S/身長145〜155cm
  M/身長155〜165cm
  L/身長165〜175cm
  パッケージサイズ:32.0cm×52.0cm×2.0cm
- ¥6,800（税別）

(株)みどりインターナショナル
Midoriinternational
船橋市前原東3-18-10
TEL. 047-479-1751
FAX. 047-479-1752
http://www.midoriinter.com

● 千葉県 ●
Chiba

リアルマグメット
にぎり寿司各種
Real Magnet Sushi

2010年　COOL JAPAN部門：銀賞／フランス賞／ドイツ賞

和食を代表し、海外のお客さまから人気の高い寿司のお土産品として広く世界へ発信できるよう、マグネットとして作成しました。いろどりやサイズ、細部にまでゆきわたった技術は日本みやげとして人気を博しています。

(株)石川物産
Ishikawa Bussan Co.,Ltd.
成田市土屋831-1
TEL. 0476-35-7231
http://www.ishikawa-bsn.co.jp

● 千葉県 ●
Chiba

みどり浴衣
Midori Yukata for Men

2010年　カナダ賞

美しい民族衣装の1つとして称賛される日本の着物を、外国のお客様にも簡単に着られるよう、実用的な浴衣を作りました。伝統的な紋様の中にモダンを取り入れた「みどり浴衣」は帯も付けることできちんとした感じを出しました。

- M/身長160〜170cm
  L/身長170〜180cm
  LL/身長180〜190cm
  パッケージサイズ:32.0cm×52.0cm×2.0cm
- ¥6,800/¥7,800（税別）

(株)みどりインターナショナル
Midoriinternational
船橋市前原東3-18-10
TEL. 047-479-1751
FAX. 047-479-1752
http://www.midoriinter.com

● 千葉県 ●
Chiba

着物リメイク テーブルランナー
Table runner (made of Obi)

2010年　シンガポール賞／アメリカ賞

箪笥の中で眠っている帯は豪華なものほど再利用が難しいもの。これをテーブルランナーに仕立て直して生き返らせ、受賞しました。現在は"下げもの"に力を入れ、壁掛けや敷物として、成田空港などで販売し好評を得ています。

- 240.0cm×30.0cm
- ¥8,000〜（税別）

ぎゃらりい恵
Gallery KEI
船橋市習志野台2-3-5
TEL. 047-463-1533
FAX. 047-463-1533

● 千葉県 ●
Chiba

招き猫・だるまセット
Maneki-neko&Daruma-doll

2012年　TRADITIONAL JAPAN部門：銅賞／中国賞

伝統工芸品として人気の高い招き猫とダルマをセット。
招き猫は先客万来、金運、招福の縁起物。ダルマの色にも意味があり、黄色は金運、紫は長寿、ピンクは恋愛、白は合格、緑は健康を願うものです。海外の観光客に人気のおみやげ品です。
- 6.0cm×8.5cm×5.0cm
- ￥500（税別）

(株)石川物産
Ishikawa-bussan
成田市大清水214-3
TEL. 0476-35-7131
http://www.ishikawa-bsn.co.jp

● 千葉県 ●
Chiba

Enjoy Peanuts いちご
Enjoy Peanuts Strawberry

2015年　飲料・食品部門：コストパフォーマンス賞

「またか」とは言わせません。「おすすめは？」と聞かれれば、千葉県人ならばたいてい落花生と答えます。県内産の落花生をホワイトチョコでコーティングして、濃〜いイチゴ味に仕上げました。さすがでしょ！千葉の落花生。
- 19.0cm×12.0cm×1.5cm
- ￥380（税別）

(株)諏訪商店
Suwa Shouten
市原市国分寺台中央7-16-2
TEL. 0120-21-0436
http://www.yamasu.com

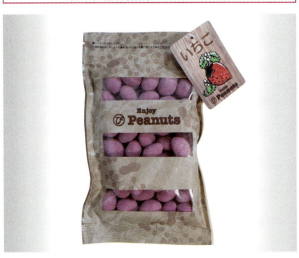

● 東京都 ●
Tokyo

ハニーカステラ１Ａ号
HONEY CASTILLA

2005年　和菓子部門：金賞／台湾賞

独特のつややかな焼き色と、オレンジ蜂蜜の上品な香りとほどよい甘み。しっとりとまろやかな、卵黄のコクのある味わいをお楽しみいただけます。
粗目を敷かずにオレンジ蜂蜜を入れて焼き上げ、30日間しっとり感が続く、昭和45年に生まれた文明堂東京の代表作です。
原材料は卵、砂糖、小麦粉、水飴、蜂蜜の5種のみを使用。外国の方へのお土産物にも喜ばれております。
● 28.5cm×7.8cm×6.3cm
● ￥1,250〈税別〉

株式会社 文明堂東京
Bunmeido Tokyo Co.,Ltd
新宿区新宿1-17-11　BN御苑ビル2階
TEL. 03-3354-2222
FAX. 03-3341-0002
http://www.bunmeido.co.jp

● 東京都 ●
Tokyo

旅の宿
Tabinoyado

2006年　生活用品その他実用品部門：銀賞／カナダ賞

1986年の発売以来、日本人の安らぎである「温泉情緒」にこだわってきた入浴剤「旅の宿」シリーズ。「箱根」「十和田」「有馬」など、全国有数の温泉気分を自宅にいながらにして味わえる薬用タイプの入浴剤です。医薬部外品。※本品は温泉の湯を再現したものではありません。
- 13.5cm×14.6cm×5.8cm
- オープン価格

クラシエホームプロダクツ(株)
Kracie Home Products,Ltd.
港区海岸3-20-20
TEL. 03-5446-3210
http://www.kracie.co.jp/khp/tabi/index.html

● 東京都 ●
Tokyo

北斎浮世絵プリントトートバッグ
Hokusai Ukiyo-e Tote Bag

2007年　ドイツ賞

丈夫な綿の布地に葛飾北斎の「神奈川沖浪裏」を大胆にプリントしたバッグは、肩からもかけられ、重い図録も入る、開店当初からの人気商品です。
浮世絵以外にも館蔵品をあしらった約20種類を販売中。
- 約33.0cm×39.0cm×9.5cm
- ¥1,500（税別）

東京国立博物館協力会
TOKYO NATIONAL MUSEUM　museum shop
台東区上野公園13-9
TEL. 03-3822-0088
FAX. 03-3822-0089
http://www.tnm-shop.jp/

● 東京都 ●
Tokyo

江戸切子風鈴（桜）
Edokiriko Furin "Sakura"

2008年　職人技部門：金賞

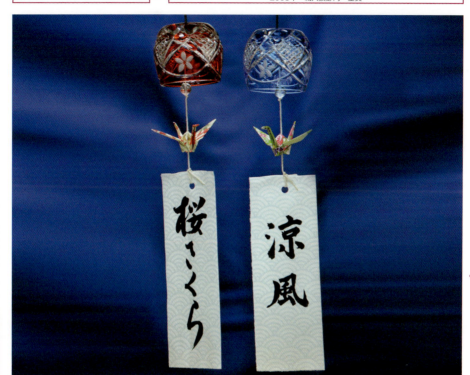

日本を象徴する花・桜を、夏の代名詞・風鈴に伝統柄とともにあしらって、涼やかな切子にしました。
きびしい暑さのなか、耳と目で涼風を送る、さわやかな日本の風情を外国の方々にもぜひ体感していただきたいもの。よき日本の文化を風鈴で味わっていただきたく、世界に知られた折鶴と、和紙の短冊に書をしたため、下げました。日本人のみならず世界の方々に、日本の粋と雅を感じていただける、まさに折り紙つきおみやげです。
異国の窓辺では、どのような音色をかなでることでしょう。

● 約6.0㎝×約32.0㎝
● ￥9,000〈税別〉

江戸切子製造販売店　彩り硝子工芸
Irodori Kiriko Kougei
江東区亀戸4-19-13 サニービル2F
TEL. 03-5609-3618
FAX. 03-5609-3618
http://www.edokiriko.com

● 東 京 都 ●
Tokyo

開運招き猫さん 白猫
Lucky Cat "White cat"

2008年　エコ部門：銀賞／シンガポール賞

ソーラーパワーを利用して、3匹の白猫さんたちの頭がユラユラと揺れる（特許取得済）ようになっています。
電池や電源を必要としない、環境にやさしくエコな、かわいらしい置物となっております。

- 11.0cm×11.0cm×12.5cm
- ￥1,680〈税別〉

株式会社サンタ
Santa Co.,Ltd.,
葛飾区青戸4-25-17
TEL. 03-3602-3964
FAX. 03-3602-9674
http://dream-santa.com/

● 東 京 都 ●
Tokyo

江戸っ子
Hanten "Edokko"

2008年　クールジャパン部門：銅賞

日本の下町文化をモチーフとした粋な半纏をイメージした状差しまたは小物入れ。
粋でいなせな江戸の雰囲気が感じられます。
一枚ずつ手作りで仕上げ、壁にフックで掛けられ、マグネットで冷蔵庫にも付けられます。

- 25.0cm×20.0cm
- ￥1,390〈税別〉

(株)TORA
TORA Co. Ltd.,
江東区白河3-1-16
TEL. 03-5809-8841
FAX. 03-5809-8842
http://www.trad-presv.jp

● 東京都 ●
Tokyo

江戸切子
桜グラス
Edo Kiriko "Sakura glass"

2009年　日本の匠部門：金賞／シンガポール賞

東京の伝統工芸・江戸切子。一般的な紋様のほかに、江戸切子には多彩な切子技術があり、花切子・絵図切子など巧みなハンドワークにておこないます。
桜紋は代表的で典型的な日本の紋様であり、海外の人にも手頃な江戸切子です。
今後、海外でも飲まれる機会がふえるであろう日本酒を、より一層おいしく演出します。

- ⌀6.4㎝×9.0㎝　容量100ml
- ¥3,000 (税別)

(有)ヒロタグラスクラフト
Hirota Glass Craft
墨田区大平2-10-9
TEL. 03-3623-4148
FAX. 03-3623-4148
http://www.edokiriko.net

関東地方

● 東 京 都 ●
Tokyo

着物ボトルウェア
Kimono Bottlewear

2009年　アメリカ賞

「難しい帯結びなし！ボトルに被せるだけで簡単に着物姿を楽しめる」着物ボトルウェア。帯も細部まで再現してあり、英文の説明書きもパッケージされているので、会話が弾むこと間違いなし。約60gと軽く、持ち運びにも便利です。
- 23.5cm×12.0cm
- ¥2,000〜¥3,000〈税別〉
- 素材：〔お太鼓帯〕コットン・ポリエステル〔姫〕ポリエステルちりめん・金襴〔侍〕コットン

(株)和の蔵
WANOKURA
大田区久が原3-31-8-301
TEL. 03-6410-4262
FAX. 03-6410-4263
http://www.wanokura.net/

● 東 京 都 ●
Tokyo

ヨックモック さくらクッキー
YOKUMOKU Sakura Cookie

2010年　台湾賞

桜の花びらと葉を練り込み、桜ハチミツを使用した春らしい2種類のクッキー。家族・友人へのお土産や、感謝の気持ちを伝えるギフトなど様々なシーンにぴったり。桜のイラストは日本画家山岸泉琳氏。日本の春の訪れを告げる桜をお楽しみください。
- 18.5cm×18.5cm×6.5cm
- ¥1,800〈税別〉

川路ヨウセイデザインオフィス
Kawaji Yosei Design Office
港区南青山5-11-14 H&M EAST 206・202
TEL. 03-3400-4421
FAX. 03-3486-0856
http://k-do.com/

● 東京都 ●
Tokyo

街並はがき
Machinami Hagaki

2011年 グランプリ／ESSENTIAL JAPAN部門：銀賞

日本の懐かしく伝統的な街並の情景を、立体的に起こして楽しめるようにした紙製ハガキです。各ハガキにはそれぞれに家屋や情景が描かれていて、その絵柄に合わせて切込みや折筋が加工してあります。それを完成イラストに従って「折る」だけで、ジオラマ風の世界が簡単に作れます。さらに様々な種類の家屋が用意されているので、気に入ったものをいくつか並べれば街並の風景が作れます。
普通のハガキとして、組立て前の状態のまま郵送もできます。その際は届いた相手の方に折っていただきます。
また、ご当地オリジナルデザインの街並はがき（実在の名所など）の製作依頼にも対応しております。
● 14.8㎝×10.4㎝
●（4柄セット）¥1,200（税別）

(株)2.5工房
2.5kobo Inc.
台東区谷中5-9-17
TEL. 080-4334-9535
FAX. 03-3827-1068
http://okoshibumi.2p5.jp
Mail：design@2p5.jp

● 東京都 ●
Tokyo

蒲田切子
蒲田モダン水鏡ペアセット
KAMATA KIRIKO Pair of Cut Glass Tumbler with modern design of "SUIKYO"

2012年　LUXURY JAPAN部門：LUXURY JAPAN賞

内側が琥珀色で外側が青または赤色の2色。江戸切子職人がグラスの表面を丸く削り、磨いて透けた模様の奥は万華鏡の世界。手に持つと丸い模様に指がやさしくフィット。洗いやすく使いやすい生活を楽しむための工芸品です。
- ⌀約7.8cm×約8.7cm
- ¥30,000（税別）

（有）フォレスト
Forest
大田区南久が原1-5-2
TEL. 03-5748-7321
FAX. 03-5748-7322
http://www.glassforest.co.jp

● 東京都 ●
Tokyo

浮世絵
グリーティングカードセット
Woodcut Prints Greeting card

2012年　カナダ賞

北斎「冨嶽三十六景」の絵柄を縮小し、グリーティングカードに仕立てたセット。一枚一枚職人さんが摺あげた木版画です。
箱には「神奈川沖浪裏」をアレンジした「のし紙」を巻き、ギフトとして最適なパッケージにしました。封筒付。
- 13.0cm×20.5cm×1.3cm
- ¥3,000（税別）

美術書出版（株）芸艸堂
UNSODO
文京区湯島1-3-6
TEL. 03-3818-3811
FAX. 03-3813-4645
unsodo@nifty.com

● 東 京 都 ●
Tokyo

寿満保収納具
Smart-phone case (tatami)

2012年　タイ賞

畳の縁地で作った軽くて丈夫なスマートフォンケース。彩色に富み、ガラケーとスマホが両方入り二個持ちに便利。携帯電話以外にもカード類や小物の持ち歩きにも重宝します。三代続く畳屋のたしかな手仕事。iPhone6対応。

(有) 柳井畳店
Yanai Tatamiten
大田区池上6丁目11番26号
TEL. 03-3751-6652
FAX. 03-3754-6652
http://e-tatami.bz

● 東 京 都 ●
Tokyo

江戸切子　ぐいのみ
赤・黒　市松紋様
EDO KIRIKO, SAKE GLASS, red・black, checker・basket design

2013年　LUXURY PRIZE部門：入選

伝統紋様のなかにもモダン感覚を取り入れた切子デザインで、特に市松紋様はシンプルな切子だけに高い技術が必要です。
日本酒を楽しめる形状とサイズで、高級感漂う赤と黒の組合せは、海外の富裕訪日客に好まれています。
● ⌀6.8cm×7.6cm　容量150ml
● 各¥10,000（税別）

(有) ヒロタグラスクラフト
HIRITA Glass Craft
墨田区太平2-10-9
TEL. 03-3623-4148
FAX. 03-3623-4148
http://www.edokiriko.net

関東地方

● 東京都 ●
Tokyo

kimonoボトルカバー
kimono bottle cover

2013年　COOL JAPAN部門：金賞／台湾賞／ドイツ賞

日本に古くから伝わる「風呂敷」の包みをヒントに、着物生地を立体裁断して、2カ所をとめるだけで、まるでボトルが着物を着たように美しくなりました。
ワイン、シャンパン、日本酒、焼酎など、いろいろなサイズのボトルにお使いいただけます。特に海外へのおみやげや結婚などのお祝いに最適です。和モダンクリエーターのMAMI MITSUDAのデザインと、京都ならではの本物志向の質とが織り成す、オリジナル合作です。
- 30.0cm×17.5cm
- ¥3,800（税別）

（株）陶花
TOKA
中央区勝どき6-3-2　2522号室
TEL. 03-5534-8963
FAX. 03-5534-8964
http://www.kimono-bottlecover.com/

● 東京都 ●
Tokyo

青竹酒器三点揃い
Bamboo Sake-Glass Sets

2013年 COOL JAPAN部門：銀賞

日本の風景の中でも際立つ個性を魅せる竹をモチーフにした、フォルムの美しいガラス器。宴の席をより上質に演出してくれる清々しい商品です。竹酒器の側面の凹凸は、器を握ったときにちょうど手に馴染むカタチです。

- 徳利　∅4.6cm×20cm　容量270ml
- 盃　∅4.2cm×5.5cm　容量48ml
- ¥6,000（税別）

廣田硝子（株）
Hirota Glass
墨田区錦糸2-6-5
TEL. 03-3623-4145
FAX. 03-3623-8892
www.hirota-glass.co.jp

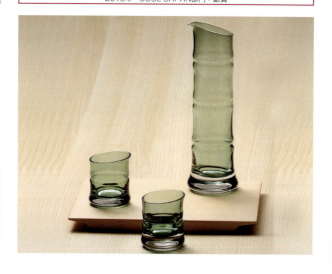

関東地方
39

● 東京都 ●
Tokyo

八千代切子・墨色　杯（竹垣柄）
YACHIYO-KIRIKO SAKE-GLASS

2013年 マレーシア賞

水墨画の深みを持った墨色に、日本の伝統的な竹垣の模様を切子で表現した、手作りの酒グラス。グラスの内側に加えた金箔が、より華やかな輝きを演出します。
木箱入でお土産に最適です。

- ∅7.1cm×6.8cm　容量85ml
- ¥10,000（税別）

東洋佐々木ガラス（株）
Toyo Sasaki Glass
中央区日本橋馬喰町2-1-3
TEL. 03-3663-1160
FAX. 03-3663-1169
http://www.toyo.sasaki.co.jp

● 東京都 ●
Tokyo

八千代切子・万華鏡 杯 ペアセット
Yachiyo-Kiriko Sake-Glass

2014年　工芸品部門：入選

手作りの外被せクリスタルガラスのペアセットです。
赤色の杯には紅梅柄、緑色の杯には菊柄をほどこしました。グラスの内側を覗き込むと万華鏡のような美しい光の反射の世界が楽しめます。
- 7.2cm×9.2cm　容量100ml
- ￥20,000〈税別〉

東洋佐々木ガラス（株）
Toyo .Sasaki Glass
中央区日本橋馬喰町2-1-3
TEL. 03-3663-1160
FAX. 03-3669-1169
http://www.toyo.sasaki.co.jp

● 東京都 ●
Tokyo

丸めるメモ
ku・ru・ru ukiyo-e
3D memo ku・ru・ru ukiyo-e

2014年　工芸品部門：入選

クルッと丸めるとメモ自体が自立する立体メモ。
メッセージに込めた想いが「送る」から「贈る」へと変化します。
「一枚の紙」を丸めて差し込むだけで現れる浮世絵の世界は、日本の箱庭的な美を演出しています。
- 20.0cm×6.0cm×1.0cm
- ￥800〈税別〉

ペーパリー（株）
PAPERLY INC.
新宿区早稲田鶴巻町520
TEL. 03-5272-3006
FAX. 03-5272-3106
http://www.kamiterior.jp

● 東京都 ●
Tokyo

江戸硝子 富士山グラス
Edo Glass　Mt.Fuji Glass

2015年　観光庁長官賞／グッズ・ノベルティ部門：グランプリ

江戸硝子職人たちの手技が冴える伝統技法で、世界遺産の富士山をグラスの中に造形しました。ウイスキー、カンパリ、ブランデー、カルーア･･･もちろん、ウーロン茶や麦茶でもいいですね。
飲み物で富士山は様々な色変わりする妙‥‥‥何をどうして飲んでみようか、と気のあった仲間たちにぎやかに迷う愉しみもあります。
光と影で彩りを変えてゆく、グラスの中の新富嶽八景をゆるりと眺めながら、心に残る時間をお過ごし下さい。

- ⌀9.2㎝×9.5㎝
- ¥5,000〈税別〉

田島硝子（株）
TAJIMA GLASS
江戸川区松江4丁目18番
TEL. 03-3652-2727
FAX. 03-3651-2229
http://www.tajimaglass.com

● 東京都 ●
Tokyo

江戸硝子
ワインブラー フリーカップ
Wine Bler

2015年　グッズ・ノベルティ部門：韓国賞

ワイングラスとタンブラーを掛けた造語。底に重みをもたせ傾けても倒れないようバランスをとり、凸部を中心にグラスが回転運動するワインのスワリング効果や氷と飲み物の撹拌を容易にする独特の形状。気軽に使え遊び心を感じさせる器。
- ⌀6.1cm×11.7cm
- ￥3,500（税別）

田島硝子（株）
TAJIMA GLASS
江戸川区松江4丁目18番
TEL. 03-3652-2727
FAX. 03-3651-2229
http://www.tajimaglass.com

● 神奈川県 ●
Kanagawa

箱根寄木細工
5寸10回秘密箱
Trick Box 10times

2008年　イギリス賞

日本の伝統的工芸品「箱根寄木細工」のからくり箱。
表面の幾何学模様は、木の持つ天然の色柄が織り成す天然の妙。内側の仕掛けもすべて職人の手仕事で作られています。
大人でも思わず夢中になってしまう、魅力のある「秘密箱」です。
- 15.0cm×10.0cm×6.0cm
- ￥5,500（税別）

（有）本間木工所
Honma Woodworking
足柄下郡箱根町湯本84
TEL. 0460-85-5646
FAX. 0460-85-6580
http://www.yoseki-honma.com/

● 神 奈 川 県 ●
Kanagawa

色彩富士せっけん シンメトリー
Colorful Soap of Mt. fuji "Cute Mount Fuji Soap"

2013年　中国賞

純植物性生地から作られたグリセリンソープです。
1つひとつ、手作りで制作しています。愛嬌たっぷりの富士山に浮かんだぽっかりの雲・・・、芸術作品の題材にも多く起用される富士山の姿を、彩りも豊かに6色カラーでポップなせっけんに仕上げました。
≪日本製化粧品≫
- 外寸：6.0㎝×6.0㎝×6.0㎝
  本体：⌀55mm×40mm　100g
- ¥800〈税別〉

(株)リンクライン
Linkline
小田原市穴部547-2
TEL. 0465-22-4217
FAX. 0465-32-2290
http://www.linkline.co.jp

● 神 奈 川 県 ●
Kanagawa

醤油絵皿
Soy Ukiyoe

2014年　工芸品部門：入選

醤油溜めを段階的に絵柄変化する磁器で造形することにより、醤油の増減で絵柄が現れ、変身します。遠浅のタレを薬味と味わえるので料理を楽しく味わえます（PAT）。食卓～寿司店で人気のセトモノのおもてなしが世界の料理（ソース、オイル、DIP等）にひろがります。
- 12.0～14.0㎝×9.0～11.0㎝×1.0～2.0㎝
- ¥1,500～2,050〈税別〉

ファンタステキ
Fantasuteki.
伊勢原市 桜台 2-2-13-102
TEL. 0463-91-5286
FAX. 0463-91-5286
http://www.fantasuteki.com/

おみやげ四方山話(よもやまばなし)

テーマを決めてお土産を選ぶ

　旅に出かけたとき、自分のためにお土産を購入する人は、案外少ないのではないでしょうか。お土産というと、友人や知人、家で待っている家族のためのものという印象があります。

　でも、自分のためにお土産を選ぶのも楽しいものです。好みのものを自由に選べばいいのですが、何かひとつテーマを決めてお土産を購入すると、自分だけのこだわりのコレクションが楽しめます。

　よく日本各地を旅行して「ぐいのみ」を集めている人がいます。自宅で晩酌するときに、旅先で求めたぐいのみを選んで、一献。美味い酒とともに旅の思い出も甦ることでしょう。カエル好きで、カエルにちなんだものばかりを自分のお土産に選んでいる人もいます。国内はもちろん、海外でもカエルグッズばかりを購入するのです。こうしてテーマを決めていれば、旅行の楽しみも増えますね。さらに、テーマを周囲の人に知らせておけば、「あの人のお土産は〇〇にしよう」と、お土産選びの参考にしてくれるので、コレクションも増えていきます。

　そのとき、その場所でなければ出会えない、モノとの一期一会。何かテーマを決めて、自分のためにお土産を選んでみませんか。

● 新潟県 ●
Niigata

純米吟醸 八海山
Junmaiginjo HAKKAISAN

2005年　食品部門：銀賞／香港賞

魚沼の水と大地と熟練した蔵人の技術が醸す最高の酒。酒造好適米を高精米することによって、純米酒でありながら飲み飽きしないお酒に仕上げております。米の旨味とまろやかな喉ごしをお楽しみいただけます。
- 720ml
- ￥1,840（税別）

八海醸造（株）
HAKKAISAN Brewery
新潟県南魚沼市長森1051
TEL. 025-775-3866
FAX. 025-775-3300
http://www.hakkaisan.co.jp

● 新潟県 ●
Niigata

新潟「柿の種進物缶」
Niigata " KAKINOTANE SINMOTSUKAN "

2005年　和菓子部門：銅賞

大正13年以来、柿の種を作り続けて90年の「元祖柿の種」。
国産もち米の風味を生かした伝統の少し辛口の味付けと郷愁を誘うデザインの化粧缶で、米どころ新潟を代表するお土産としてご愛顧いただいております。
- 17.5cm×17.5cm×11.0cm
- （27g×12袋入り）￥1,000（税別）

浪花屋製菓（株）
NANIWAYA Seika
長岡市摂田屋町2680
TEL. 0258-23-2201
FAX. 0258-23-2207
http://www.naniwayaseika.co.jp

● 新潟県 ●
Niigata

玉響　雅
～たまゆらみやび～
TAMAYURA MIYABI

2015年　グッズ・ノベルティ部門：準グランプリ

玉響とは、古代神話にも登場する勾玉が触れ合うときのほのかでかすかな響きを表すと言われています。また、「ほんのしばらくの間」「一瞬」を意味する古語とも言われていることから、一瞬でも異文化に触れた驚きや感動を忘れないで欲しいとの思いを込めています。
平面から立体にワンタッチで組み立てられ、持ち運びにも便利です。展開図のまま額に入れてアートとしてはもちろん、立体にしてもキーケース、芳香剤カバー、ランプシェードなど、色々な用途の使い方が可能な素敵なインテリアです。
● 27.0㎝×30.0㎝×0.4㎝
● ¥2,759（税別）

（株）明間印刷所
AKEMA Printing
三条市月岡1-26-39
TEL. 0256-32-3090
FAX. 0256-34-7139
http://www.akema-p.jp

● 新潟県 ●
Niigata

玉響　紙匠
〜たまゆらししょう〜
TAMAYURA SHISHO

2015年　グッズ・ノベルティ部門：クールジャパン賞

素材はすべて紙。折り紙建築方法を進化させ、日本の伝統的な屏風をヒントに製作。
日本の芸能、技、建築物、風景などを立体的かつ活動的に表すことで、お部屋の空間にも明るい躍動感を与えるインパクトのあるインテリア。
- 10.5cm×16.0cm×1.5cm
- ¥1,833〈税別〉

（株）明間印刷所
AKEMA Printing
三条市月岡1-26-39
TEL. 0256-32-3090
FAX. 0256-34-7239
http://www.akema-p.jp

● 富山県 ●
Toyama

そろり −S−
（花瓶 真鍮製）
SORORI -S- (Brass vase)

2008年　韓国賞

高岡市に伝わる鋳造技術を用いて作られた真鍮製のフラワーベースです。
1点1点職人が繊細なヘアーライン仕上げを施しており、しなやかな流線型のフォルムが和洋どちらの空間にも似合います。
- ⌀5.8cm×21.2cm
- ¥4,500〈税別〉

（株）能作
NOUSAKU
高岡市 戸出栄町46-1
TEL. 0766-63-5080
FAX. 0766-63-5510
http://www.nousaku.co.jp

● 富山県 ●
Toyama

招き猫（黒・白）
Lucky Cat (Black, White)

2009年　中国賞

招き猫は江戸時代から多く作られ親しまれている置物です。幸福を招く縁起物として、商売繁盛、家内安全を願って広く愛用されています。右手は人を招く（千客万来）、左手は（金運招来）を招くといわれています。

- 15.6㎝×10.2㎝×9.1㎝
  （鋳鉄製、赤フクサ、紙箱入り）
- （黒・白それぞれ）￥6,000（税別）

（株）織田幸銅器
ODAKOU DOUKI
高岡市金屋本町3番34号
TEL. 0766-24-6154
FAX. 0766-22-6152
http://www.odakou-douki.co.jp

中部地方

● 富山県 ●
Toyama

しろえびせんべい
SHIROEBI SENBEI (rice cracker)

2009年　台湾賞

富山湾の宝石と呼ばれる貴重なしろえびを生地に練り込んだおせんべいです。原料のお米は高品質な富山県産うるち米を100％使用しています。パリッとした食感としろえびの上品な味わいが特徴の商品です。

- 25.0㎝×13.0㎝×10.0㎝
- ￥800（税別）

日の出屋製菓産業（株）
HINODEYA SEIKA
南砺市田中411
TEL. 0763-52-3011
FAX. 0763-52-2153
http://www.hinodeya-seika.com

● 富山県 ●
Toyama

八尾和紙でできた ミニバッグ
Mini bag of YATSUO-WASHI

| 2014年　工芸部門：入選 |

八尾和紙は耐水性に優れ、富山の置き薬とともに全国に広まりました。「用の美」民芸のデザインを取り入れたミニバッグは、桂樹舎が得意とする型染めが活きています。生活のあらゆるシーンに映えます。

(有)桂樹舎
KEIJUSYA
富山市八尾町鏡町668-4
TEL. 076-455-1184
FAX. 076-455-1189
http:///www.keijusya.com

● 富山県 ●
Toyama

T五（ティーゴ）
T5

| 2014年　飲料・食品部門：入選 |

260年の歴史がある銘菓「薄氷」を現代風にアレンジした干菓子。味覚の基本である塩味・苦味・酸味・甘味・滋味を、桜・抹茶・ゆず・和三盆・胡麻の五つの風味に重ねました。国産の天然素材にこだわり、口の中に入れると、すっと溶ける味わいも魅力です。
● 20.0cm×18.0cm×2.0cm
● (10枚入り) ¥1,200 (税別)

(株)五郎丸屋
GOROUMARUYA
小矢部市中央町5-5
TEL. 0766-67-0039
FAX. 0766-67-6430
http:///www.usugori.co.jp

● 富山県 ●
Toyama

最中の皮屋の最中
Monaka no Kawaya no Monaka

2014年　飲料・食品部門：入選

最中の皮専門店ならではのサクッと響く音までおいしいスティック状の最中の皮に、手づくりの餡を添えました。皮はもち米（富山県産新大正もち米使用）の製粉から、生地づくり、焼きの行程まですべて手づくり。まさに「皮」が主役の最中です。
- 24本入り・つぶあん35g付
- ￥700（税別）

髙野もなか屋
TAKANO-MONAKAYA
富山市八尾町石戸872-2
TEL. 076-454-2728

● 石川県 ●
Ishikawa

組盃　時代画風
Japanese Shot Glass "JIDAIGAHUU"

2009年　日本の匠部門：銅賞／韓国賞

日本を代表する世界有数の色絵陶磁器「九谷焼」の形状、画風の異なる6種の酒盃セット。九谷焼の350年以上の歴史の中で一世を風靡した6つの代表的な画風を小さな盃に細かに表現しました。九谷焼の色絵の真髄を堪能できるアイテムです。
- ∅約6.0㎝×約4.0㎝
  （盃の種類によりサイズは異なる）
- ￥5,000（税別）

(株)青郊
SEIKOU
能美市佐野町ロ-25
TEL. 0761-57-2078
FAX. 0761-57-2099
http://www.seikou.co.jp

● 石川県 ●
Ishikawa

九谷焼USBメモリ「電子陶箱」
KUTANI USB-MEMORY

2010年　LUXURY JAPAN部門：銀賞

電子機器に伝統工芸九谷焼の繊密な加飾を施すという意外性が楽しいアイテム。"持ち歩く九谷焼"、大切な思い出をしまう"陶箱"をテーマに制作しました。大事な思い出を保存したり、大切な気持ちを贈ったりするギフトとしても最適。
16GB
● 2.2cm×5.9cm×1.1cm
● ￥10,000〈税別〉

(株)青郊
SEIKOU
能美市佐野町口-25
TEL. 0761-57-2078
FAX. 0761-57-2099
http://www.seikou.co.jp

● 石川県 ●
Ishikawa

小判楊枝入れ「蘭」
Toothpick holder (made of gold leaf)

2010年　中国賞

金沢箔は、唯一金沢で生産され伝統工芸品材料として指定を受けております。小判楊枝入れ蘭はかわいい小箱に金沢箔と蘭の蒔絵を加飾した日本らしいお土産です。アクセサリーボックスとしてもご利用できます。
● 9.5cm× 6.5cm× 2.0cm
● ￥1,000〈税別〉

(株)金銀箔工芸さくだ
SAKUDA Gold & Silver Leaf
金沢市東山1-3-27
TEL. 076-251-6777
FAX. 076-251-6777
http://www.goldleaf-sakuda.jp

● 石川県 ●
Ishikawa

豆皿 名品コレクション
KUTANI Masterpiece Collections

2010年　イギリス賞

九谷焼の歴史上の名品をミニチュアサイズの豆皿にきれいに写しました。どれも実物の大きさは30㎝以上のもので美術館等に所蔵されている名品です。食器としてはもちろん皿立に立ててミニ飾り皿としてもお楽しみいただけます。
- ⌀ 10.5㎝×2.0㎝
- ¥1,000〈税別〉

(株)青郊
SEIKOU
能美市佐野町ロ-25
TEL. 0761-57-2078
FAX. 0761-57-2099
http://www.seikou.co.jp

中部地方

● 石川県 ●
Ishikawa

金福郎
KINFUKURO (Gold leaf Owl)

2011年　台湾賞

金沢箔は、唯一金沢で生産されております。華麗な金箔ならではの美しさと気品をより身近に感じ楽しんでいただきたく縁起物として人気のある"幸せを呼ぶ梟"を取り上げ"黄金の梟"を制作いたしました。
- 5.3㎝×4.2㎝×4.1㎝
- ¥2,300〈税別〉

(株)金銀箔工芸さくだ
SAKUDA Gold & Silver Leaf
金沢市東山1-3-27
TEL. 076-251-6777
FAX. 076-251-6677
http://www.goldleaf-sakuda.jp

● 石川県 ●
Ishikawa

九谷和グラス
KUTANI WA-Glass

2011年 オーストラリア賞

新しいスタイルの九谷和グラスは、九谷の伝統工芸と現代の技術を融合させ、現代のライフスタイルに合わせた新しい九谷焼です。
ワイン、冷酒、焼酎など、どれにでもあう、おしゃれな和グラスです。
- 17.0cm×8.0cm
- ¥5,000 (税別)

(株)九谷満月
KUTANI MANGETSU
加賀市中代町ル95-2
TEL. 0761-77-2121
FAX. 0761-77-2124
http://www.mangetsu.co.jp

● 石川県 ●
Ishikawa

九谷焼カップ&ソーサー 時代画風
KUTANI Cup & Saucer JIDAIGAHUU

2012年 韓国賞

全面を九谷焼独特の透明感ある和絵具で埋めた存在感と高級感のあるカップ&ソーサーです。
九谷焼伝統の画風「古九谷五彩風」「吉田屋風」「木米風」をモチーフにデザインしました。
- ⌀10.5cm×2.0cm
- ¥5,000 (税別)

(株)青郊
SEIKOU
能美市佐野町ロ-25
TEL. 0761-57-2078
FAX. 0761-57-2099
http://www.seikou.co.jp

● 石川県 ●
Ishikawa

うちわ銘々皿
『四季』
Uchiwa-serving plates "Four Seasons"

2012年　グランプリ／TRADITIONAL JAPAN 部門：金賞

金沢箔は約400年前より製造が始まり現在では国内生産の100％近くを誇っています。金箔職人の"極限の技"は伝統工芸品材料として、国より指定を受け現在に連綿として受け継がれております。
うちわ銘々皿『四季』は日本の伝統的生活用品のうちわをデザインした銘々皿に金沢箔と四季花の蒔絵を加飾し、日本の情緒と美を表現した作品です。
お客様へのおもてなしとして、お菓子やお料理を引き立たせ、又額立に乗せインテリアとしても使用できます。
● 13.0cm×13.0cm×1.0cm
● ¥5,800（税別）

(株)金銀箔工芸さくだ
SAKUDA Gold & Silver Leaf
金沢市東山1-3-27
TEL. 076-251-6777
FAX. 076-251-6677
http://www.goldleaf-sakuda.jp

● 石川県 ●
Ishikawa

姫ダルマ サクラサク
HIME-DARUMA SAKURA-SAKU

2012年　ロシア賞

古くから日本で愛され続けている願掛けのシンボル達磨（ダルマ）。伝統的な日本の縁起物を代表する達磨をモチーフに九谷焼の色絵で鮮やかに彩色することで現代のライフスタイルに合うモダンアートとして仕上げました。
- 5.5cm×5.5cm×5.5cm
- ¥3,500（税別）

九谷物産（株）
KUTANI BUSSAN
能美市寺井町レ88
TEL. 0761-57-2121
FAX. 0761-57-2122
http://store.shopping.yahoo.co.jp/waza

● 石川県 ●
Ishikawa

高盛り蒔絵 iPhoneカバー
Embossing MAKIE iPhone Cover

2013年　COOL JAPAN部門：銅賞／アメリカ賞

現代の生活では漆器を使うことが少なくなってきました。その技術を「いま、よく使われるものに適用したい!!」そんな職人たちの熱い「思い」からできあがったのがこのiPhoneカバー。立体的で迫力のある蒔絵が特徴です。
- 各iPhoneに対応
  （iPhone5S　iPhone6　iPhone6Plusなど）
- ¥3,700（税別）

（株）朝日電機製作所
ASAHI Electric
白山市旭丘1丁目10番地
TEL. 076-274-2525
FAX. 076-274-7667
http://www.asahi-ew.co.jp/

● 石 川 県 ●
Ishikawa

九谷焼
色絵折り鶴
Thousand Cranes Collection of KUTANI.

2013年　TRADITIONAL JAPAN：銅賞

世界中が平和であるよう願いを込め、九谷焼で折り鶴を制作。多くの技・デザインを後世に伝えるため「1000の画風を1000年残す」をコンセプトとしています。日本の伝統文化と工芸の技術を世界にむけて表現できる作品となりました。
- 11.0㎝ × 5.0㎝ × 6.5㎝
- ¥12,960（税別）

九谷物産（株）
KUTANI BUSSAN
能美市寺井町レ88
TEL. 0761-57-2121
FAX. 0761-57-2122
http://store.shopping.yahoo.co.jp/waza

● 石 川 県 ●
Ishikawa

iPhone　カバージャケット
金蒔絵
Gold Leaf i-phone Jacket

2013年　カナダ賞

金沢箔は、唯一金沢で生産されております。i-phone5カバージャケット金蒔絵は、培われた伝統の技金沢金箔と現代のアイテムに豪華さと煌びやかさを融合させた商品。iPhone6及びiPhone6ｰも追加発売中。
- 6.0㎝×12.5㎝×0.9㎝
- ¥3,500（税別）

（株）金銀箔工芸さくだ
SAKUDA Gold & Silver Leaf
金沢市東山1-3-27
TEL. 076-251-6777
FAX. 076-251-6777
http://www.goldleaf-sakuda.jp

● 石川県 ●
Ishikawa

いろえ はしおきこれくしょん
KUTANI Chop stick rest Collection

2015年　グッズ・ノベルティ部門：中国賞

その小さなボディいっぱいに九谷焼の伝統美をご堪能いただける、色絵を描いた色鮮やかな箸置のコレクションです。九谷焼の伝統絵柄、日本古来の吉祥絵柄等々を合わせて30種類用意し、集める楽しさ、選ぶ楽しさも訴求しております。
- 3.8cm×3.0cm×1.0cm
- ¥700（税別）

(株)青郊
SEIKOU
能美市佐野町ロ-25
TEL. 0761-57-2078
FAX. 0761-57-2099
http://www.seikou.co.jp

● 石川県 ●
Ishikawa

金澤画帖
Picture album of KANAZAWA

2015年　グッズ・ノベルティ部門：コストパフォーマンス賞

金沢の代表的な四つの景観を線画で描いた"大人の塗り絵"と、風景写真がセットになっています。セットの風景写真やご自分で撮られた写真などを参考に、色鉛筆や水彩絵の具で、金沢オリジナルの大人の塗り絵をお楽しみください。
- 22.0cm×33.0cm×0.2cm
- ¥500（税別）

田中昭文堂印刷(株)
TANAKA & SHOBUNDO Graphic Art
金沢市打木町東1448
TEL. 076-269-7788
FAX. 076-269-7311
http://www.kagasaisei.co.jp

● 福井県 ●
Fukui

アロマ和ろうそく
灯之香
Aroma Japanese candle "HONOKA"

2014年　工芸品部門：特別賞

越前福井の伝統工芸・和蝋燭。表面には福井の工芸品・越前和紙をあしらい、すき間からこぼれるオレンジ色の灯りが安らぎを与えてくれます。ほのかに香るアロマの香りは和洋を問わずどの場面でも空間を美しく演出します。
- ⌀10.0cm×5.0cm～15.0cm
- ¥3,000～9,000（税別）

(株)小大黒屋商店
KODAIKOKUYA
福井市順化2丁目15-9
TEL. 0776-22-0986
FAX. 0776-22-0997
http://www.kodaikokuya.co.jp

● 福井県 ●
Fukui

酔蝶花
SUICHOKA

2014年　飲料・食品部門：入選

福井県発祥のコシヒカリを50％精米して用いた蔵元こだわりの酒。どっしりとしたコクと旨味のある味わいです。意匠登録された薄い青色の六角柱形のオシャレなボトルの中に、金粉と桜・梅の花を散らした見た目もおいしい逸品。
- 34.0cm×15.0cm×8.0cm
- ¥4,800（税別）

朝日酒造(株)
ASAHI SYUZO
丹生郡越前町西田中11-53
TEL. 0778-34-0020
FAX. 0778-34-1200
http://www.asahisyuzo.com

● 山梨県 ●
Yamanashi

桔梗信玄餅
KIKYOU SHINGEN-MOCHI

2005年　和菓子部門：銀賞

手づくりの味を大切に守り続けてきた桔梗信玄餅。餅だけでなく、黒蜜にも独特のコクと味わいがあり、とろりとした舌触りは桔梗屋ならでは。昭和43年の開発当初から変わらない風呂敷は、ひとつひとつ心をこめて結んでいます。
- 8.0cm×8.5cm×6.0cm
- (2個入り)￥306(税別)

(株)桔梗屋
KIKYOUYA
笛吹市一宮町坪井1928
TEL. 0553-47-3700(代)
FAX. 0553-47-3706
http://www.Kikyouya.co.jp

● 山梨県 ●
Yamanashi

信玄桃
SHINGEN MOMO (Peach)

2007年　台湾賞

ピーチゼリー入りの白あんを小麦粉生地で包み、色・形ともに山梨県特産の桃に似せた焼き菓子です。口の中にほんのり桃の香りが広がります。
- 12.4cm×17.6cm×5.6cm
- (6個入り)￥600(税別)

(株)桔梗屋
KIKYOUYA
笛吹市一宮町坪井1928
TEL. 0553-47-3700(代)
FAX. 0553-47-3706
http://www.Kikyouya.co.jp

● 山梨県 ●
Yamanashi

桔梗信玄生プリン
KIKYOU SHINGEN NAMA PURIN

2015年 飲料・食品部門：グランプリ

山梨を代表する銘菓、桔梗信玄餅のDNAを受け継いだ山梨みやげです。
本格的な洋菓子を、フレッシュでコクのある生クリームときな粉を使い、
「和」テイストに仕上げました。
桔梗信玄餅と同じミネラル豊富な、こだわりの黒蜜はお好みの量をかけて
お召し上がりください。

- (4個入)13.8cm×16.3cm×6.2cm／(6個入)13.8cm×24.3cm×6.2cm／
  (8個入)13.8cm×16.3cm×12.4cm／(12個入)13.8cm×24.3cm×12.4cm
- (4個入)¥903(税別)／(6個入)¥1,350(税別)／
  (8個入り)¥1,806(税別)／(12個入)¥2,700(税別)

(株)桔梗屋
KIKYOUYA

笛吹市一宮町坪井1928
TEL. 0553-47-3700(代)
FAX. 0553-47-3706
http://www.kikyouya.co.jp

● 長野県 ●
Nagano

信州安曇野産 本わさび
SHINSYU-AZUMINO Hon-Wasabi 45g&25g (pro purveyor)

2005年　食品部門：銅賞

「名水百選」に選ばれた清らかで豊富なアルプスの伏流水に育まれた信州安曇野産わさびのみ（主原料）を使用し、とことん味にこだわった本物の風味。寿司職人も使っている「職人ご用達わさび」をぜひ家庭でご賞味ください。
- 45g／25g（プロ仕様）
- ￥250（税別）

(株)マル井
MARUI
安曇野市豊科4932
TEL. 0263-72-2562
http://www.wasabi.co.jp

● 長野県 ●
Nagano

黒塗長角小箱 ぶどう葉蒔絵
Small Makie Lacquer Box Featuring Grape Leaf Design

2011年　TRADITIONAL JAPAN：銀賞

日本の伝統工芸「木曽漆器」どんなに時が流れても「本物を伝えていきたい」そんな職人の思いが込められた、蒔絵小箱です。
黒地に描かれた、存在感のある金蒔絵。これぞ「JAPAN」と感じさせる作品です。
- 15.0cm×11.0cm×5.8cm
- ￥8,000（税別）

(株)山加荻村漆器店
YAMAKA OGIMURA SHIKKITEN
塩尻市木曽平沢1766
TEL. 0264-34-2411
FAX. 0264-34-3070
http://www.yamaka-japan.com

● 岐阜県 ●
Gifu

均窯桜富士2客酒器揃
1 Pitcher & 2 Cups SAKE Set "KINYOU SAKURA FUJI"

2010年　TRADITIONAL JAPAN部門：銀賞

日本が世界に誇る富士山。日本陶器の伝統技法により見事な春の富士山の風景を表現しました。日本の伝統工芸品としても、日本らしさを表現するものとしても価値ある逸品です。

- ⌀9.0㎝×10.8㎝：250cc（徳利）
  ⌀6.2㎝×3.3㎝（盃）
- ￥2,000（税別）

陶磁器総合商社 カネワカ商店
KANEWAKA
土岐市土岐津町土岐口723-2
TEL. 0572-55-3620
FAX. 0572-55-0221
http://www.ob.aitai.ne.jp/~kanewaka

● 岐阜県 ●
Gifu

ふる里夫婦湯呑
Pair Tea Cup FURUSATO

2011年　アメリカ賞

なつかしい日本の原風景が岐阜県伝統のやきものである渋草焼に描かれています。手に取ってみてください。日本民芸陶器の良さであるその暖かい質感をきっと感じていただけます。

- ⌀6.7㎝×9.0㎝（大湯呑）
  ⌀6.5㎝×8.5㎝（小湯呑）
- ￥2,000（税別）

陶磁器総合商社 カネワカ商店
KANEWAKA
土岐市土岐津町土岐口723-2
TEL. 0572-55-3620
FAX. 0572-55-0221
http://www.ob.aitai.ne.jp/~kanewaka

● 岐阜県 ●
Gifu

美濃陶酔 かくとくり
MINO TOSUI KAKUTOKURI

2012年　フランス賞

岐阜県の伝統産業・地域資源である多治見の美濃焼と地酒、大垣の檜を使った木枡という異業種コラボによる商品。古来より日本文化を彩ってきたモノ達を組合せ、店頭から食卓までを演出し繰り返し使える現代の酒器揃え。
- 5.6cm×5.6cm×18.0cm 容量:290ml
- ￥2,389（税別）

市之倉さかづき美術館
Ichinokura Sakazuki Art Museum
多治見市市之倉町6-30-1
TEL. 0572-24-5911
http://www.sakazuki.or.jp/

（株）三千盛
MICHISAKARI
多治見市笠原町2919
TEL. 0572-43-3181

● 岐阜県 ●
Gifu

紅金富士タンブラー
Tumbler BENI KIN FUJI

2013年　REASONABLE部門：入選

中華圏で好まれるあざやかな紅色のタンブラーに日本の幸運の象徴ともいえる富士山を金色でデザインしました。
まさに、福を招くおみやげです。日本の象徴を凝縮した作品です。
- ⌀7.7cm×12.8cm
- ￥1,000（税別）

陶磁器総合商社 カネワカ商店
KANEWAKA
土岐市土岐津町土岐口723-2
TEL. 0572-55-3620
FAX. 0572-55-0221
http://www.ob.aitai.ne.jp/~kanewaka

● 岐阜県 ●
Gifu

純米大吟醸
ひだほまれ天領　籠入り
JUNMAI GINJO HIDAHOMARE TENRYO

2013年　韓国賞

岐阜県産の酒造好適米「ひだほまれ」を天然無菌地下水で醸した香り豊かな吟醸純米酒です。
外国人にも喜ばれるように、竹籠に入れて和紙風のラベルを貼ってあります。
- 10.5㎝×10.5㎝×30.5㎝
- ¥2,000〈税別〉

天領酒造（株）
TENRYOU SYUZOU
下呂市萩原町萩原1289-1
TEL. 0576-52-1515
FAX. 0576-52-3707
http://www.tenryou.com

● 静岡県 ●
Shizuoka

醤油わさびドレッシング
Soy Taste Wasabi Dressing

2007年　食品部門：銀賞／シンガポール賞

国産の根わさびを使用し、醤油ベースの和風ドレッシングに仕上げました。さっぱりした味とピリッとした辛さで、サラダやシーフードはもちろん、焼きナスや豆腐料理にもよく合います。国産わさびの豊かな香りをお楽しみください。
- 4.5㎝×5.0㎝×16.5㎝
- (150ml) ¥500〈税別〉

（株）田丸屋本店
TAMARUYA HONTEN
静岡市駿河区下川原5丁目34-18
TEL. 054-258-1115
FAX. 054-258-5479
http://www.tamaruya.co.jp

● 静岡県 ●
Shizuoka

忍者霧隠れ・相撲（緑茶）
NINJA Green Tea　SUMO Green Tea

2008年　地元産原材料を使った食品部門：銀賞

緑茶の販売とともに、日本の伝統的な文化を伝えるため忍者、相撲という素材を使用しました。パッケージの中面には、英文で手裏剣、お相撲さんが折り紙で折れるように説明が入っており、日本の折り紙の文化もお伝えしています。
- 11.5cm×23.0cm×1.0cm
- ￥1,000〈税別〉

丸山製茶（株）
MARUYAMA Tea Products
掛川市板沢510-3
TEL. 0537-24-5588
FAX. 0537-24-5579
http://www.maruyamaseicha.co.jp

● 静岡県 ●
Shizuoka

カメヤ
おろし本わさび
Japanese Horse radish

2008年　地元原材料を使った食品部門：銅賞

主材料の本わさびは静岡県産のみを使用。限りなくおろしたての本わさびに近づけた、風味・辛み・食感ともにお楽しみください。こだわりの伊豆わさび屋の十八番。
- 3.0cm×3.8cm×14.5cm
- ￥200〈税別〉

カメヤ食品（株）
KAMEYA Food
三島市平成台5番地
TEL. 055-988-5555
FAX. 055-988-5155
http://www.kameya-food.co.jp

● 静岡県 ●
Shizuoka

浮世絵缶入り 煎茶・玄米茶
Green tea & GENMAI tea packed in UKIYOE design cans

2009年 日本の食品部門：金賞／審査委員特別賞／タイ賞

浮世絵が描かれた和紙を貼ったお茶缶の中に煎茶・抹茶入玄米茶のティーバッグが入っています。
日本茶と浮世絵の組合せが外国の方に日本らしいお土産だと感じていただいているようです。
ティーバッグでしたら、急須を持っていない外国人の方でもお茶を愉しめます。浮世絵の茶缶はお茶を使い切ったあとも、飾りや入れ物として使え、いつまでも思い出として残るのでお土産として喜ばれています。
- ⌀7.6㎝×15.5㎝
- ￥1,000（税別）

丸山製茶（株）
MARUYAMA Tea Products
掛川市板沢510-3
TEL. 0537-24-5588
FAX. 0537-24-5579
http://www.maruyamaseicha.co.jp

中部地方

● 静岡県 ●
Shizuoka

わさび塩
WASABI Salt

2010年　TRADITIONAL JAPAN部門：金賞

創業68年、カメヤは日本が誇る香辛料であるわさびを使った伊豆のわさび屋です。
わさびの魅力を日本中、世界中の人々に伝えるため、様々なわさび製品を豊富なバリエーションで取り揃えています。
静岡県産のわさびと北海道産の昆布粉末を使用したカメヤのわさび塩はわさびのピリッとした辛味と昆布のうまみが塩の味を引き立てる逸品です。天ぷら、焼き鳥、お刺身等、様々な食シーンに利用ください。日本の食文化が融合した新しい食の世界が広がります。
- 9.5cm×4.0cm×4.0cm
- ¥350〈税別〉

カメヤ食品（株）
KAMEYA Food
三島市平成台5番地
TEL. 055-988-5555
FAX. 055-988-5155
http://www.kameya-food.co.jp

● 静岡県 ●
Shizuoka

花鳥風月
KA-CHOU-FUU-GETSU

2012年　台湾賞

外国の方が「一目で日本とわかる」をコンセプトに「赤富士・桜」、「浮世絵」を裏表にデザインしました。創業1865年（慶応元年）の老舗が、日本の主要茶産地「静岡・宮崎・鹿児島・三重」のお茶を仕上げてブレンドしております。
- ⌀6.8㎝×13.9㎝
- ¥600（税別）

(株)水上房吉商店
MIZUKAMI FUSAKICHI SHOUTEN
静岡市葵区上桶屋町17番地
TEL. 054-255-0251（代）
FAX. 054-251-5781
http://www.rakuten.ne.jp/gold/ocha-mizukami/

● 静岡県 ●
Shizuoka

わさびスパイシーデイップ
Wasabi Spicy Dip

2012年　オーストラリア賞

緑色のペーストタイプのソースです。わさびの辛さだけではなく、各種香辛料を混ぜ合わせスパイシーかつ美味しく仕上げました。オリーブオイルを使用しております。ホットドック、フランクフルト、ピザ等の辛みのアクセントとしてどうぞ。
- 4.8㎝×4.8㎝×5.0㎝
- ¥580（税別）

(株)田丸屋本店
TAMARUYA HONTEN
静岡市駿河区下川原5-34-18
TEL. 054-258-1115
FAX. 054-258-5479
http://www.tamaruya.co.jp

● 静岡県 ●
Shizuoka

細　波
Wavelet

2013年　イギリス賞

仕事の過程で生まれるカンナくずに新しい可能性を見出しました。繊維会社と提携し、蛇腹折りした木に繊維を貼る事で強度を持たせました。骨組を要さず、折り合せた木の隙間から放たれる光は優しさと力強さを兼ね備えた自然の癒しとなるでしょう。

- ∅11.0cm×30.0cm（円筒形）
- ¥38,000（税別）

(有)西島木工所
NISHIJIMA MOKKOSYO
熱海市網代477-1
TEL. 0557-68-1826
FAX. 0557-67-1705
http://nishijimawood.i-ra.jp

● 静岡県 ●
Shizuoka

かわいいなかまたち
（人形缶）
KAWAII NAKAMATACHI

2014年　飲料・食品部門：入選作

おかげさまで100万本！かわいいなかまたち（人形缶）は、和心にこだわり、日本の文化、着物を着た女の子をデザインしたオリジナルスチール缶。どなたにも好まれる抹茶入玄米茶・てまり飴を入れた商品です。

- (小)5.2cm×9.5cm
  (大)6.6cm×15.5cm
- (小)¥400（税別）
  (大)¥600（税別）

(株)やまき園
YAMAKIEN
静岡市葵区宮ヶ崎町9
TEL. 054-251-0811
FAX. 054-251-0812
http://ningyoucan.com

静岡県
Shizuoka

富士山リバーシブル缶入り煎茶
Green tea in Mount Fuji design cans

2015年　飲料・食品部門：ドイツ賞

世界文化遺産に登録され、世界的に注目を集めている富士山のイラスト缶です。
表、裏で静岡側、山梨側の富士山が描かれ、四季折々に見せる富士山を同時に楽しむことができます。缶の中には日本食には欠かせない日本茶を詰めました。
- 7.5㎝×8.0㎝×8.0㎝
- ￥850（税別）

丸山製茶（株）
MARUYAMA Tea Products
掛川市板沢510-3
TEL. 0537-24-5588
FAX. 0537-24-5579
http://www.maruyamaseicha.co.jp

愛知県
Aichi

元祖 福を招くまねき猫
GANSO Lucky Cat lead to fortune

2007年　民工芸品部門：銀賞

8色の常滑焼、まねき猫です。成形から彩色まで、すべてを職人の手作業で行っています。
各色には、白＝来福、金＝金運、黒＝厄除、赤＝病除、さくら＝恋愛、黄＝良縁、青＝安全、緑＝合格という意味があります。
- 10.0㎝×6.5㎝×6.0㎝（陶製）
- ￥650～1,400（税別）

冨本人形園
TOMIMOTO NINGYOU-EN
常滑市保示町2-161番地
TEL. 0569-35-2257
FAX. 0569-35-6185
E-mail：music17@tac-net.ne.jp

● 愛知県 ●
Aichi

はしわたし 日本の美【桜】
HASHIWATASHI NIPPON no BI【SAKURA】

2008年　エコ部門：銅賞

桜をモチーフとした箸袋セット。箸は長野県産の木曽ひのきを使いました。箸袋は両面使えるリバーシブルタイプです。外食時やお弁当、旅行のお供に持ち運びしやすいサイズに仕上げました。大切な人との「はしわたし」になりますように。
- 23.0cm×18.0cm
- 箸袋：綿100%／箸：木曽ヒノキ
- ￥1,000〈税別〉

社会福祉法人 ゆたか福祉会　みのり共同作業所
YUTAKA welfare Association MINORI collaborative work stations
名古屋市南区元塩町3-1-3
TEL. 052-612-6237
FAX. 052-612-6271

● 愛知県 ●
Aichi

ゆかり〈黄金缶〉
YUKARI　GOLD

2008年　台湾賞

「ゆかり〈黄金缶〉」は坂角総本舗の代表商品海老せんべい「ゆかり」の名古屋限定パッケージ。1枚の約7割に新鮮な天然海老の身だけを使用して、海老の濃厚な味と香りが際立つ二度焼き製法で焼き上げた海老せんべいです。
- 24.7cm×17.8cm×5.3cm
- ￥1,500〈税別〉

(株)坂角総本舗
BANKAKU SOUHONPO
東海市荒尾町甚造15-1
TEL. 0120-758-106
FAX. 0120-758-126
http://www.bankaku.co.jp/

● 愛知県 ●
Aichi

粋柄エコバッグ
IKIGARA Eco Bag

2009年　ドイツ賞

「和」を感じさせる生地を使ったエコバッグ。丈夫で使いやすい綿に、真鍮のハトメがアクセントになっています。A3サイズが入る大きさなので毎日のお買い物、旅行のお供やお稽古に行く時など幅広くお使いいただけます。
- 37.0㎝×44.0㎝×まち12.0㎝
- ¥2,500（税別）

和工房 澪（みのり共同作業所）
WAKOUBOU MIO
名古屋市南区元塩町3-1-3
TEL. 052-612-6237
FAX. 052-612-6271
E-mail : minori-selp@gol.com

● 愛知県 ●
Aichi

雛人形　彩
HINA-Doll　AYA

2011年　TRADITINONAL JAPAN部門：銅賞

「源氏物語」や「枕草子」にも登場するお雛様は桃の節句に飾られ、女の子の健やかな成長を願う日本独自の大切な文化遺産です。
雛人形〈彩〉は一針一針にその願いを込め大切に仕上げた手作りのお雛様です。
- 30.0㎝×13.0㎝×5.5㎝
- ¥4,500（税別）

(株)一鶴斉
ICCACSAI
名古屋市千種区日進通り4-29
TEL. 052-751-0804
FAX. 052-751-0804
E-mail : iccacsai@aa.alles.or.jp

● 愛知県 ●
Aichi

畳の時計
Tatami Clock

2012年　TRADITIONAL JAPAN部門：銀賞

毎日、何度もながめる時計と畳のコラボレーション。
畳＝四角の常識を打ち破り、円形で温かみのあるデザインで時計らしさを表現しました。文字には漢数字を使って和の雰囲気を高め、壁掛けや置き時計として、気軽に和の演出を楽しんでいただけます。
- 23.0cm×23.0cm×5.0cm
- ¥8,000 (税別)

乗本畳店
NORIMOTO Tatami Shop
豊川市東光町1-81
TEL. 0533-86-6833
FAX. 0533-84-5320
http://www.norimoto-tatami.com

● 愛知県 ●
Aichi

常滑焼 ちぎり絵和紙 萬助猫
TOKONAMEYAKI MANSUKE-NEKO

2013年　TRADITIONAL JAPAN部門：銀賞

日本六古窯・常滑焼の招き猫「萬助猫」です。微笑みと大きな鈴が特徴です。鈴なりに福を招きます。和紙のちぎり絵はひとつひとつ手貼りです。
- 9.0cm×9.0cm×11.5cm
- ¥4,900 (税別)

(有)ヤマタネ
YAMATANE
常滑市奥条7-56
TEL. 0569-35-3233
FAX. 0569-34-7833
http://www.tac-net.ne.jp/~yamatane

● 愛知県 ●
Aichi

絹の思い出
Antique Silk Memories

2014年　工芸品部門：入選

作品はお祝いの時に着たきものなどで作ります。劣化の無い着物は非常に貴重ですし、この世にひとつ、同じ柄のものはありません。他にも女の子や女性のお祝いの時に着た着物なども作品にしております。壁に掛けると幸運が訪れます。
● 約100.0㎝×約40.0㎝
● ¥8,400（税別）

古裂美術工房
Kogire-Bijyutsu-Kobo
名古屋市熱田区神3丁目7-26 たから神宮ビル6階
TEL. 052-755-0768
FAX. 052-505-3913
http://www.himekimono.com

● 愛知県 ●
Aichi

畳のペットボトルカバー
TATAMI PET Bottle Cover

2014年　工芸品部門：入選

畳は日本の文化の中で生まれた敷物です。
夏は涼しく、冬暖かい。そんな畳の保温効果を活かしたペットボトルカバー。畳の香りや質感に心を癒されながら、職人の手作りによる粋な和の演出をお楽しみ下さい。
● 21.0㎝×9.0㎝×9.0㎝
● ¥3,000（税別）

乗本畳店
NORIMOTO TATAMI Shop
豊川市東光町1-81
TEL. 0533-86-6833
FAX. 0533-84-5320
http://www.norimoto-tatami.com

おみやげ 四方山話(よもやまばなし)

お伊勢参りの土産、江戸時代の定番は?

　日本で庶民が旅を楽しむようになったのは、江戸時代に入ってから。街道筋には関所が設けられ、庶民が自由に行き来することは制限されていましたが、「信仰のための旅」は、大目に見られていたといいます。

　そんな事情もあり、人々は伊勢神宮への参拝旅行である「お伊勢参り」にこぞって出かけました。信仰心の厚い人もいたのかもしれませんが、大半は「お伊勢参り」を名目にした「遊び」の旅だったようです。江戸時代のベストセラー、『東海道中膝栗毛』の中では、弥次さん喜多さんは遊んでばかりいますし、「伊勢参り、大神宮にもちょっと寄り(伊勢参りで、大神宮にもちょっとだけ寄った)」というくだりも出てきます。

　ところで、このお伊勢参りでのお土産の定番は、何だったと思いますか？　それは、「伊勢音頭」でした。「伊勢は津でもつ、津は伊勢でもつ、尾張名古屋は城でもつ」という台詞で知られている伊勢地方の民謡で、荷物にならないお土産として覚えて帰る参拝者が多かったそう。

　「お伊勢参り」がブームだったとはいっても、当時は旅に出かけられない人も多く、旅先で見聞きしたり、体験したりしたことを伝え聞くことは、大変喜ばれる土産だったのでしょう。

近畿
Kinki

● 三重県 ●
Mie

額入り美人
Demmy's Obi framed art

2012年　マレーシア賞

日本女性の着物の帯を額装にした美しいインテリアです。全て手作りでほとんど同じものはありません。海外でもご好評を頂いており、お土産用のミニサイズもあります。お持ちの帯や着物からも制作させていただきます。
- 34.6㎝×91.6㎝×2.8㎝
- ￥29,000〜〈税別〉

三巧エンジニアリング
Sankoh Engineering
三重県津市垂水18-62
TEL. 059-253-3210
FAX. 059-253-3210（要切換）
http://demmmynet.blog96.fc2.com/

● 京都府 ●
Kyoto

扇子
「一文字染抜扇子」
Folding fan "One kanji character without dyeing Type"

2005年　ドイツ賞

京都の伝統的な色ベースの和紙に、漢字一文字をプリントしたモダンな扇子です。すっきりとシンプルなデザインと色合いで、男女問わず、持つ方を選びません。1本1本、京都の職人が仕立てている「京扇子」です。
- 7寸3分（約22.0㎝）
- ￥2,000〈税別〉

(株)舞扇堂
MAISENDO
京都市伏見区桃山羽柴長吉東町56
TEL. 075-621-7137
FAX. 075 622 3027
http://www.maisendo.co.jp/

● 京都府 ●
Kyoto

宇治茶・抹茶菓子セット
UJI Green Tea, MATCHA Sweets Set

2005年　食品部門：金賞／イギリス賞

創業萬延元年（1860年）、宇治茶一筋の茶舗「祇園辻利」がお届けする宇治茶と抹茶菓子のセットです。
うまみのある味わいを楽しめる、かぶせ茶のティーバッグと、宇治抹茶をふんだんにつかった抹茶カステラを組み合わせました。手軽なティーバッグと抹茶菓子の組み合わせはお土産としてご好評をいただいております。
また、お茶はキューブ状、お菓子はその倍のサイズに揃えており、いろいろなお茶とお菓子の取り合わせを選んでいただけます。

- 5.7㎝×17.2㎝×5.7㎝
- ¥1,150（税別）

祇園辻利
GION TSUJIRI
京都市東山区祇園町南側573-3
TEL. 075-525-1122
www.giontsujiri.co.jp

● 京都府 ●
Kyoto

西陣 KARAORIフレーム
NISHIJIN KARAORI Frame

2006年　アメリカ賞

唐織は中国渡来の装飾性の高い西陣を代表する絹織物。十二単の上着(唐衣)に用いた浮織組織の技法が進化し、新たな刺繍と織箔技術で、錦の最も豪華な織物が完成。唐織袋帯と同様、粋を結集しフォトフレーム用に織り上げました。
- 17.5cm×22.5cm
- ¥4,830〈税別〉

唐織工房
KARAORI KOBO
京都市西京区大枝沓掛町9-1-102
TEL. 075-201-3509
FAX. 075-201-3509
http://www.karaori.jp

● 京都府 ●
Kyoto

煎茶 都の巽
SENCHA "MIYAKO NO TATSUMI"

2005年　中国賞

創業萬延元年(1860年)、宇治茶一筋の茶舗「祇園辻利」がお届けする宇治煎茶です。パッケージは、箱のように見えて、実は折を重ねた一枚の包み紙。日本の伝統「包む」と「折り紙」を元に考案いたしました。
- 7.5cm×7.5cm×7.5cm
- (96g)¥1,100〈税別〉

祇園辻利
GION TSUJIRI
京都市東山区祇園町南側573-3
TEL. 075-525-1122
http://www.giontsujiri.co.jp

● 京都府 ●
Kyoto

匂い袋
SHOYEIDO's Traditional Sachets

2005年　民工芸品部門：金賞

松栄堂の匂い袋は白檀や丁子、桂皮などの天然香料を調合した伝統的なレシピに基づく、個性豊かな和の香りです。タンスに入れて衣服に香りを移したり、帯揚げに通してさりげなく香りをまとったり、様々な場面で香りと彩りを楽しめます。定番のちりめん巾着型のほか、かわいらしい京わらべやふくべ、和紙製のしおり型や小袖型など、形も素材も豊富に取り揃えております。日本らしさあふれる香りを世界の皆さまにお届けします。

● 5.0～6.0cm
● ¥900〈税別〉

香老舗　松栄堂
SHOYEIDO Incense
京都市中京区烏丸通二条上ル東側
TEL. 075-212-5590
http://www.shoyeido.co.jp

● 京都府 ●
Kyoto

竹しおり
Bamboo Bookmark

2006年　民工芸品部門：金賞

薄くスライスした竹に、特殊な技法で折れにくくする加工を施した「竹しおり」。国際観光都市「京都」の風情を描写した絵柄や可愛い花柄からはじまり、今やその種類も80種類余まで増えました。
加えて企業や団体様のノベルティとしてのご利用や全国各地の「ご当地柄」などオリジナル化も進みました。
竹を素材にした「しおり」は珍しく、今後も世界各国の方々に日本らしい手頃なおみやげとしてお勧めできるものと自負しています。
- 13.35㎝×2.2㎝
- ￥300〈税別〉

高野竹工（株）
TAKANO CHIKKO
長岡京市勝竜寺東落辺14番地15
TEL. 075-955-2868
FAX. 075-955-2876
http://www.takano-bamboo.jp

● 京都府 ●
Kyoto

お寿司のキャンドル おみやげセット
Sushi Candle Gift Set

2006年　生活用品その他実用品部門：金賞

パッケージ

日本の代表的な料理として諸外国で広く認知されているお寿司を、本物そっくりのキャンドルにしました。容器も日本の伝統工芸である竹細工を使った素敵な竹篭入り。たまご・えび・たこ・鉄火・おしんこ・カッパ巻の6個セットです。残念ながら食べられませんが、食卓を明るく灯してくれること間違いナシ。みんなの心もポッと明るく灯してくれる和のユニークグッズです（火を灯す際は必ず陶器の器などの上でご使用下さい）

Tamago (Thick omelet) , Ebi (Prawn),Tako (Octopus) ,Tekka (tuna roll) , Shinko (pickle roll) and Kappa (cucumber roll)

● 14.5cm×11.0cm×4.0cm
● ¥2,380（税別）

京都シルク（株）
KYOTO SILK
京都市左京区聖護院円頓美町11-47
TEL. 075-761-5331
FAX. 075-761-5332
http://www.japanesegift.jp/

● 京 都 府 ●
Kyoto

ボストン型小銭入
Boston Style Coin Parse

2006年　中国賞

正倉院、法隆寺の伝統文様等を近代的な色彩で製織したボストン型小銭入れ。絹100％裂地を使用。高級感があり、また口が大きく開くので出し入れしやすく、小物入れとしても重宝します。プレゼントにピッタリな商品です。
- 4.5㎝×6.0㎝
- ￥2,300（税別）

瀬川織物（株）
SEGAWA-ORIMONO
京都市上京区芦山寺通大宮西入東社町311
TEL. 075-441-8020
FAX. 075-441-8028
http://www.shinise.ne.jp/segawa-tex

● 京 都 府 ●
Kyoto

ちりめん風呂敷
椿
Crape Furoshiki (camellia)

2006年　ドイツ賞

日本で古来より用いられてきた風呂敷に、世界で広く愛されてきた椿の花を、モダンな市松模様で表現しました。くろちくのちりめん風呂敷は素材・染織・縫製まで京都にこだわり、国内外のお客さまに親しまれております。
- 74.0㎝×74.0㎝
- ￥2,000（税別）

（株）くろちく
KUROCHIKU
京都市中京区新町通錦小路上ル百足屋町380
TEL. 075-256-9393
http://www.kurochiku.co.jp

● 京 都 府 ●
Kyoto

本物そっくり
お寿司キーホルダー
Sushi Keychain

2007年　生活用品その他実用品部門：金賞／オーストラリア賞

日本の食品サンプルは、その精密さと表現性の高さで世界的に注目されています。そんな本物そっくりのお寿司のサンプルを、かわいいキーホルダーにしました。お米の一粒一粒、いくらのプチプチ感、玉子のうっすらとした焼け焦げ…。細かい部分までリアルに再現しました。日本の食文化を伝えつつ、クスッと笑える、和のユニークグッズです。外国の方にも「SUSHI」は人気の日本食。お寿司の話題で外国の方と素敵なコミュニケーションを！

● 6.7cm×2.4cm×2.0cm、ホルダー部分約4.8cm
● ¥620（税別）

京都シルク（株）
KYOTO SILK
京都市左京区聖護院円頓美町11-47
TEL. 075-761-5331
FAX. 075-761-5332
http://www.japanesegift.jp/

● 京都府 ●
Kyoto

黒のおたべ
Black OTABE

2007年 韓国賞

生八つ橋には、黒ごまのペーストと食用炭（竹炭）を練り込み、黒ごまの食感を残した、黒ごまあんを包み込みました。
香ばしいごまの香りをお楽しみいただけます。
● 21.0cm×12.7cm×2.3cm
● ¥500（税別）

(株)美十
BIJUU
京都市南区西九条高畠町35-2
TEL. 075-681-0201
FAX. 075-681-0202
http://www.bijuu.co.jp

● 京都府 ●
Kyoto

アイラブ寿司 Tシャツ
I Love Sushi T-shirt

2008年 クールジャパン部門：銀賞

お寿司のネタの名前を日本語と英語で表示。ネタの名前を外国人の方が日本語で発音できるようになる親切なTシャツです。
お寿司の専門用語も英語解説付き。もらった人もあげた人も笑顔になれるお寿司Tシャツです。
● 30.0cm×24.0cm×1.0cm
● ¥1,800（税別）

京都シルク（株）
KYOTO SILK
京都市左京区聖護院円頓美町11-47
TEL. 075-761-5331
FAX. 075-761-5332
http://www.japanesegift.jp/

● 京都府 ●
Kyoto

友禅風呂敷
YUZEN FUROSHIKI

2008年　アメリカ賞

岡重は、明治・大正時代に羽織の裏の柄「羽裏」を専門に染めておりました。その当時当社の絵描きが描いた図柄で、裂見本帳より新たに型を起こし、友禅にて染め上げた風呂敷です。
物を包んで風呂敷ごと贈物になるおめでたい柄の風呂敷です。
- 約75cm×約75cm（素材：ポリエステル）
- ￥6,500（税別）

(株)岡重
OKAJU
京都市中京区烏丸通蛸薬師下ル手洗水町647トキワビル3-C
TEL. 075-221-3502
FAX. 075-221-3893
http://www.okaju.com

● 京都府 ●
Kyoto

いせ辰
シャンタンチーフ 梅
ISETATSU Shantung chief "Ume"

2009年　日本の匠部門：銀賞

東京 谷中にある江戸千代紙の老舗いせ辰の文様をふろしきにデザインしました。ねじれ梅という独特の形が特徴です。50cmサイズなのでお弁当包みやペットボトル、ティッシュボックスなども包め、さまざまなシーンで活躍します。
- 50.0cm
- ￥600（税別）

宮井(株)
MIYAI
京都市中京区室町通六角下ル鯉山町510番地
TEL. 075-221-0381
FAX. 075-221-0397
http://www.miyai-net.co.jp

近畿地方

● 京都府 ●
Kyoto

本物そっくり
お寿司のマグネット
Sushi Magnet

2010年　COOL JAPAN部門：金賞

見るからにおいしそうなお寿司ですが食べられません。
外国人を驚かせる食品サンプルをマグネットにしてみました。
お米の一粒一粒、えびの尻尾までホンモノそっくり。にぎり寿司の繊細な手ワザに通じる、精緻なサンプルづくりはクールジャパン日本の誇りです。
お寿司をよりリアルに表現するために、着色においても複数色を重ね深みを出し、職人さんたちが一生懸命、手作りで製作しています。
みんなの心を和ましてくれる和のユニークグッズです。
● 7.0cm×2.2cm×2.5cm
● ¥620（税別）

京都シルク（株）
KYOTO SILK
京都市左京区聖護院円頓美町11-47
TEL. 075-761-5331
FAX. 075-761-5332
http://www.japanesegift.jp/

● 京都府 ●
Kyoto

お寿司のUSBメモリー おみやげセット

Sushi-shaped USB Flash Drive

2011年　COOL JAPAN部門：金賞／シンガポール賞

本物そっくりに作られたお寿司とUSBメモリーとを合体させました。
寿司部分は、世界に誇れる日本の食品サンプル製作技術を生かした手作り。
お寿司本体とUSBをチェーンでつなぐことで、USBポートに刺す時も邪魔にならないよう配慮。また、キャップのいらないワンタッチ・スライド式にしてキャップを紛失する心配も解消しています。
彩りに日本の文化でもあるバランも付けて、お弁当箱に入ったお寿司をより美味しそうに演出。受賞時は4GBでしたが、現在は8GBにグレードアップしています。

● 9.5cm×11.0cm×3.0cm
● ¥3,600（税別）

京都シルク（株）
KYOTO SILK
京都市左京区聖護院円頓美町11-47
TEL. 075-761-5331
FAX. 075-761-5332
http://www.japanesegift.jp/

● 京 都 府 ●
Kyoto

日本のアートゴルフボール
Japanese Art Golf Ball

2010年　オーストラリア賞

ゴルフボールに日本のアートをプリントしてみました。
おもしろ、お洒落なゴルフボール。
日本の文化を世界に伝えるゴルフボール。
お部屋に飾ってもステキなインテリア。安くて、軽くて、実用的で魅力的な日本土産。
- 4.3cm×4.3cm×4.3cm
- ¥440（税別）

京都シルク（株）
KYOTO SILK
京都市左京区聖護院円頓美町11-47
TEL. 075-761-5331
FAX. 075-761-5332
http://www.japanesegift.jp/

● 京 都 府 ●
Kyoto

貼付地下足袋
傾き（かぶき）
JIKATABI "KABUKI"

2011年　COOL JAPAN部門：銅賞／フランス賞

SOU・SOU足袋の看板商品『貼付地下足袋』。炭鉱地など土木作業用に開発された先割れタイプ。オリジナル生地を使用することによって伝統性、機能性にデザイン性をプラスした履物となりました。コハゼを外して裏地を見せて履くと、また違った雰囲気が楽しめます。
- 22.0〜29.0cm（サイズは1.0cm刻み）
- ¥7,800（税別）

若林（株）／SOU・SOU
WAKABAYASHI
京都市中京区新京極通四条上ル中之町583-3
TEL. 075-229-6751
FAX. 075-229-6750
http://www.sousou.co.jp

● 京 都 府 ●
Kyoto

おくるみ人形うさぎ
Bunting doll, Rabbit

2011年　中国賞

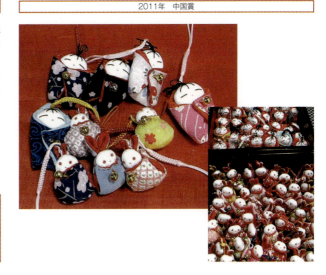

「健やかに！」と、はんなりした丹後ちりめん（絹100％）を使い、ひと針ひと針、縫いました。
日本の伝統文様には家族の幸せを思い、文様に願を託してきた人びとの思いが伝わります。
● 3.5㎝×1.5㎝×6.0㎝
● ¥800（税別）

絹あそび　橋本修治商店
HASHIMOTO SHUJI SHOUTEN
京都府京丹後市大宮町大野565
TEL. 0772-64-2127
http;//kinuasobi.net

● 京 都 府 ●
Kyoto

抹茶セット
Japanese Tea Ceremony Set

2011年　ロシア賞

日本の文化である抹茶。その抹茶をお楽しみいただけるように、抹茶碗、茶せん、抹茶、茶杓の入ったセットになります。このセットがあれば美味しいお抹茶を手軽にお楽しみいただけます。
● 9.5㎝×22.0㎝×16.0㎝
● ¥7,000（税別）

舞妓の茶本舗
MAIKONOCHA-HONPO
京田辺市普賢寺上大門2-1
TEL. 0120-71-0077
FAX. 0120-23-6005
http://www.maiko.ne.jp

● 京都府 ●
Kyoto

塗りマグボトル
Mug Bottle (Lacquerware)

2012年　COOL JAPAN部門：金賞

はんなりとした和柄がプリントされた、山中塗りのマグボトルです。保温・保冷効果のあるステンレス製で、エコボトルとして一年を通してお使いいただけます。
ちょっとしたお出かけ用など、一人分の飲み物を入れて持ち歩いていただくのに便利なコンパクトサイズ。名入れにも対応できますので、お誕生日のお祝いや、各種記念品にオリジナルボトルの作成が可能です。

- ⌀5.5cm×17.5cm
- (260ml) ¥2,580 (税込)

（株）井澤屋
IZAWAYA
京都市東山区四条通大和大路西入中之町211-2
TEL. 075-525-0130
FAX. 075-561-0740
http://www.izawaya.co.jp

● 京 都 府 ●
Kyoto

木目込人形
KIMEKOMI Doll

2012年　香港賞

木目込人形の発祥地・京都でたいへん喜ばれる伝統的な花嫁さんです。
お衣裳には貴重な古布を使用しているため、同じ出柄を二度と作ることのできない、世界にひとつだけの愛らしい人形となります。

(株)くろちく
KUROCHIKU
京都市中京区新町通錦小路上ル百足屋町380
TEL. 075-256-9393
FAX. 075-256-7701
http://www.kurochiku.co.jp

● 京 都 府 ●
Kyoto

コロモバイル
KOROMOBILE

2014年　工芸品部門:入選

毎日持ち歩く大切なスマートフォンの"衣"も季節ことに衣替えさせたい。
いつも身につけるものだからこそ、場所や相手に応じて服を選ぶように、その日のシーンに合わせて着せ替え可能な、新感覚のスマートフォン用シールです。

● 12.4cm×5.6cm×0.09cm
● ¥1,800 (税別)

(株)でんでん
DENGDENG
京都市下京区菊屋町746-3-902
TEL. 075-200-3633
FAX. 03-6893-6091
http://dengdeng.co.jp

● 京都府 ●
Kyoto

雲竜和紙ランプ
UNRYU WASHI Lamp

2013年　グランプリ

絹織物を製織する際に使用する木枠に丹後の伝統素材、丹後和紙の楮（こうぞ）をあしらった和風インテリアランプです。
和紙には四季の草花を押し花にして貼り付けています。1年を通じて四季を楽しんでいただき、1人でも多くのかたがたに癒しの空間を感じていただければと思い、印象深さをモットーに創作しています。
また、日本三景天ノ橋立に近い織物の町・与謝野町の四季と織物の文化を、見て体感していただける与謝野ブランドの1つとして、お届けしていきたいと思います。

● 10.0㎝×10.0㎝×17.0㎝（15w）
● ¥5,500〈税別〉

広瀬創作工芸
HIROSE SOUSAKU KOGEI
与謝郡与謝野町後野751番地
TEL. 0772-42-5609
FAX. 0772-42-0480
http://hirose.shop-pro.jp

● 京都府 ●
Kyoto

ふりカレー（ミル容器入れ）
FURI Curry (Mill Bottle)

2015年　飲料・食品部門：アイデア賞

京都・丹後産のコシヒカリの米粉カレーに平子イワシを加え、ヘルシーでやさしい味に仕上げました。キャッチコピーは「お米（ご飯）にかけるお米のふりかけ」ミル容器入りなので挽きたての香ばしさや香りが楽しめます。

- ⌀5.0㎝×13.5㎝
- ￥630（税別）

うめや本舗
UMEYA HONPO
京丹後市弥栄町溝谷3684
TEL. 0772-65-3258
http://umeyahonpo.com

● 京都府 ●
Kyoto

丹後ばらずし 玉手箱
TANGO BARAZUSHI Treasured Box

2015年　飲料・食品部門：デザイン賞

京都・丹後の郷土食「丹後ばらずし」の鯖おぼろ、合わせ酢等の具材に、道具のまつぶた、地元の特産品（お米・ちりめんなど）を加え、丹後ゆかりの玉手箱風にセットした和食のおみやげ品。詳しいレシピ付。

- 24.5㎝×24.5㎝×10.0㎝
- ￥11,112（税別）

うめや本舗
UMEYA HONPO
京丹後市弥栄町溝谷3684
TEL. 0772-65-3258
http://umeyahonpo.com

● 大阪府 ●
Osaka

日本人形6号扇
Japanese Doll

2005年　民工芸品部門：銅賞

愛嬌のあるお顔の日本人形です。衣裳は染めの美しい友禅と煌びやかな金襴を取り合わせました。日本の雅を感じさせる衣裳です。
持ち運びに便利な6号サイズの日本人形は、海外向けのお土産として大変喜ばれています。
- ケース30.0cm×26.0cm×44.0cm
  人形の高さ33.0cm
- ¥18,400〈税別〉

(株)久宝堂
KYUHODO
大阪市中央区安堂寺町2-6-21
TEL. 06-6763-5045
FAX. 06-6763-2386
http://www.rakuten.ne.jp/gold/miyage

● 大阪府 ●
Osaka

縮緬お寿司シリーズ
Tirimenn Sushi Series

2009年　COOL JAPAN部門：銀賞

店頭で皆さんがとても楽しそうに吟味されているのが"お寿司シリーズ"。
そんなお客さまのご推薦もあっておみやげコンテストに応募し、受賞した思い出深い商品です。かわいい、楽しい、和を感じられるおみやげです。
- 4.0cm×2.5cm×3.0cm
- ¥180～1950〈税別〉

エムルーカンパニー(株)
MRU Company
大阪市都島区毛馬町1-5-1
TEL. 06-6922-9600
FAX. 06-6922-9601

● 大 阪 府 ●
Osaka

堺　Tシャツ
SAKAI T-shirt

2010年　タイ賞

背中に大きく「堺」の文字。堺の書道家「永田峰亭」先生による、港町堺の波をイメージして書かれた力強い文字が特徴、その下には英文で堺の説明が書かれています。
- SS、S、M、L、LL（各サイズ白と黒）
- ¥1,500（税別）

NPO法人観濠クルーズSAKAI
NPO SAKAI Kango Cruise
堺市堺区栄橋町1-4-8
TEL. 072-229-8851
FAX. 072-233-8788
http://www.kc-sakai.com

● 大 阪 府 ●
Osaka

寿司飴
Sushi Candy

2012年　アメリカ賞

北アルプスの雪解け水の名水を使用。「食べるのがもったいない」と言われるほどリアルに仕上がっています。
伝統的な技術を持つ飴職人がひとつひとつ手作りし、魚の脂ののり方が微妙に違うのがおわかりいただけると思います。
- 8.7㎝×7.2㎝×2.0㎝
- ¥371（税別）

アイル（株）
AIR Corporation
大阪市中央区北浜2丁目3-6　北浜山本ビル5階
TEL. 06-6227-5300
FAX. 06-6227-5310
http://www.air-sir.co.jp

● 大阪府 ●
Osaka

三角ようじ20本和風柄 3コセット
Dental picks 20pcs.×3 set

2011年 ESSENTIAL JAPAN部門：金賞

狭い歯間部に合わせた三角形のデンタルピックは上の二辺で歯に付いた歯垢を取り、底辺で歯間乳頭を軽く押し、マッサージします。
このマッサージが血流を促進し歯周病予防のために大切で、欧米では広く普及しています。世界で9社、日本では弊社のみが製造。食後すぐの歯のケアに用います。
歯の予防用品なので通常は歯ブラシ売り場。これを和柄のケースに入れて百貨店の家庭用品売り場で販売したところ、贈答品として好評。北海道産白樺材使用の日本製。
- 6.0cm×22.0cm×0.5cm
- (3コセット) ¥300 (税別)

(株)広栄社
KOEISHA
大阪府河内長野市上原町885
TEL. 0721-52-2901
FAX. 0721-54-1092
http://www.cleardent.co.jp

● 大阪府 ●
Osaka

つげ櫛（和泉櫛）
TSUGE Comb (IZUMI Comb)

2013年　香港賞

つげ櫛（和泉櫛）は静電気をおさえ、髪や地肌にやさしく、素朴な手触りと使い込むほどに馴染む質感が最高の伝統工芸品です。11世紀頃の発祥とされており、匠の技は代々受け継がれ、生産量は日本一を誇っています。
- 約4.0cm×4.5寸（約13.6cm）×約1.0cm
- ¥2,500（税込）

ぶらっと貝塚（貝塚市観光案内所）
PURATTO KAIZUKA

貝塚市海塚130
TEL. 072-432-1244
FAX. 072-432-1244
http://www.kaizuka-cci.or.jp/annaisyohp/index.html

近畿地方

● 兵庫県 ●
Hyogo

巾着入抹茶クッキー
Matcha cookie

2009年　イギリス賞

純良抹茶を使用した手作り感あふれる抹茶クッキーです。
日本茶独特の風味が感じられ、おみやげに喜ばれます。
また、パッケージの和風巾着は、小物入れやランチボックス入れとしてもお使いいただけます。
- ¥680（税別）

お茶処三和
OCHADOKORO SANWA

神戸市兵庫区水木通7丁目1-10
TEL. 078-577-7138
FAX. 078-577-7138
http://www.ochadokoro.com

巾着袋の色・柄は、予告なく変更になることがございます。ご了承下さい。

● 兵庫県 ●
Hyogo

日本酒「ミニ菰樽」
Japanese Sake "Mini KOMODARU"

2006年　食品部門：金賞／シンガポール賞・フランス賞

日本のお慶び事では、菰樽を威勢よく開いて日本酒を振舞う習慣があります。菰樽は、江戸時代に日本酒を海上輸送する際に、樽を保護する目的で菰を巻いたのがはじまりです。
本商品はその菰樽をミニチュアサイズで作成したもの。ミニチュアサイズでも熟練した職人が大きな菰樽と同様にひとつひとつ丁寧に菰を巻きあげ、仕上げています。
ミニ菰樽（300ml）は、日本文化に根ざした伝統を海外の方に伝えるにも絶好の商品です。
- ∅約11.0cm×12.0cm
- ¥1,500〜〈税別〉

(株)岸本吉二商店
KISHIMOTO KICHIJI SHOUTEN
尼崎市塚口本町2-8-25
TEL. 06-6421-4454
FAX. 06-6421-4465
http://www.komodaru.co.jp

● 奈 良 県 ●
Nara

Tatami i-Pad iPhone ケース
Tatami i-Pad iPad mini case

2012年　COOL JAPAN 部門：銀賞

2011年の誕生以来、五感に響く純国産のモノづくりを守り続けているTatami-Padシリーズ。天然素材の特性と日本の技を現代の暮らしに活かそうというコンセプトが、この畳とi-Padのコラボで実現しました。カラーバリエーションも豊富です。
● 21.4㎝×30.0㎝×0.8㎝（重さ80g）
　（表地:い草　内張り:フレンチパイル）
● ¥3,790（税別）

(株)四縁
SHIEN
奈良県奈良市六条町410
TEL. 0742-32-5777
http://www.amrit-nara.jp

● 和 歌 山 県 ●
Wakayama

梅damono
Ume-damono

2015年　飲料・食品部門：中国賞

塩味控えめの梅干に和歌山特産の「もも」「ゆず」「みかん」のフルーツ果汁を加え、フルーティーでフレッシュな味わいに仕上げた新感覚の梅干。食後のデザートはもちろんお風呂上がりやスポーツ後にもおすすめです。オンラインショップでは期間限定で販売しております。お電話にて注文を承っております。
● 巾着袋1袋：8.0㎝×12.0㎝×11.5㎝
　3袋入化粧箱：12.0㎝×24.5㎝×11.5㎝
● (1袋)¥649（税別）
　(3袋入化粧箱)¥1,945（税別）

中田食品(株)
NAKATA-FOODS
田辺市下三栖1475
TEL. 0120-12-2486
http://www.nakatafoods.jp

● 和歌山県 ●
Wakayama

tomato-ume (とまと梅)
tomato-ume

2014年　飲料・食品部門：グランプリ

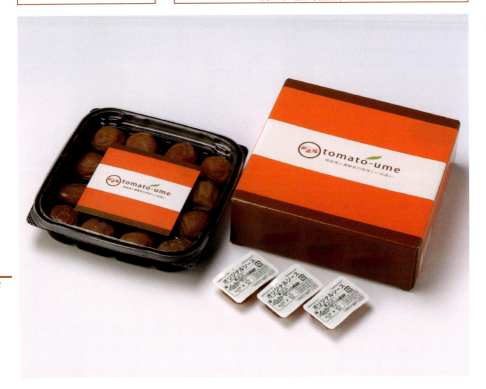

〜南高梅と優糖星の美味しい出逢い〜
＜食べた瞬間に広がるトマト風味＞
『紀州みなべの完熟南高梅』を、高糖度ミニトマト『優糖星』（糖度基準8度以上）の果汁に漬け込みました。
甘くてまろやかなトマト味に仕上げた新感覚のデザート梅干です。付属のオリジナルソースを絡ませてお召し上がりいただきますと、また一味違った味がお楽しみいただけます。
- 17.0cm×17.0cm×5.0cm
- ¥972〈税別〉

紀州農業協同組合
JA Kisyuu
日高郡みなべ町気佐藤321-6
TEL. 0739-72-4387
FAX. 0739-72-5063
http://ja-kisyuu.or.jp

● 和歌山県 ●
Wakayama

ミニ衝立「古都」
mini TSUITATE「KOTO」

2014年　工芸品部門：入選

紀州高野組子細工」の技術を独自に編み出した「きのくに・千切（ちぎ）れはめ込め技法」を用いた手づくりのひと品です。
紀州高野組子細工の由来は、江戸時代中後期に高野山寺社建築（現・世界遺産）にふさわしい建具師を京都から招いたのが起源です。
3本の薄い木材を三角形に組み合わせた「三ツ組手」の組子（キャンバス）空間に、さらに材質や濃淡の異なる微細な木片を組み付ける事で風景などの美しい絵柄を描きました。

- 48.8cm×37.0cm×8.2cm
- ￥57,000（税別）

池田清吉建具
IKEDA SEIKICHI TATEGU

橋本市野212-6
TEL. 0736-32-8270
FAX. 0736-32-0178
http://www.eonet.ne.jp/~ikeda-tategu/

近畿地方

おみやげ四方山話(よもやまばなし)

お土産でアリバイづくり!?

　かつて大阪・梅田の地下街にあった、全国の土産物が購入できる「ふるさと名産」という店舗街。県ごとに分けられた地下街の壁面に、奥行の浅い数十センチの棚が設けられ、さまざまな名産品が並べられていました。大阪の人たちは、棚に並ぶ土産と、その脇に置いたパイプ椅子に腰かけて客待ちをする店員のおばちゃんを目にしながら地下鉄の乗り換えをしたものです。

　この店舗街は、「本当は現地に行っていないのに、各地の名産品が買える」ことから、別名「アリバイ横丁」と呼ばれていました。包装紙や手提げ袋も現地と同じで、〝訳あり〟の旅行だったり、お土産を買い損ねたりした人には助かったことでしょう。最盛期は大阪万博が開かれた1970年で41都道府県の商品が買えましたが、残念ながら2014年3月に閉店しました。

　今、百貨店には地方の銘菓がそろっていますし、インターネットの発達で、全国どこの土産でもワンクリックで買えるようになりました。アリバイ横丁がなくても、アリバイづくりがしやすくなった、ということでしょうか。

● 鳥取県 ●
Tottori

雲太
UNTA（baumkuchen）

2013年　タイ賞

老舗、中村茶舗が厳選する抹茶を使った香り高いバームクーヘンです。抹茶を混ぜたなめらかな生地を一層一層ていねいに直火で焼き上げることで、ところどころ焼き色がかわり、一本ずつ表情が違った仕上がりになります。
- 9.0cm×9.0cm×20.7cm
- ¥1,500（税別）

寿製菓（株）　お菓子の壽城
KOTOBUKI SEIKA
米子市淀江町佐陀1605-1
TEL. 0859-39-4111
FAX. 0859-39-4119
http://www.kotobukijo.jp

● 島根県 ●
Shimane

ペーパー和ふきん
Paper Wafukin (napkin)

2010年 TRADITIONAL JAPAN部門：銅賞

昔の日本では一年を二十四の節気に分け、月の満ち欠けや汐の干満を読みながら、自然の中の小さな変化を暮らしの節目としてきました。そんな二十四節気にちなんだ柄を芋判で作り、ペーパーナプキンにプリントしました。大切な人を招いてのおもてなしやラッピング、季節のプレゼントとしてお使いいただけます。
- 30.0cm×30.0cm
- ¥300（税別）

（株）石見銀山生活文化研究所
IWAMI-GINZAN Seikatsu Bunka Kenkyusho Corporation
大田市大森町ハ183
TEL. 0854-89-0131
FAX. 0854-89-0162
http://www.gungendo.co.jp

● 島根県 ●
Shimane

2号花台
Flower Stand

2011年　タイ賞

農村の人々の生活に密着した道具を作り続け、島根県出雲市で4代続く「野鍛冶」が熟練の技を活かして製作した花台です。
季節の野の花を飾るのにちょうど良い大きさで、お部屋を素敵に演出します。
- 30.0cm、土台約15.0cm×10.0cm、吊り皿∅約14.0cm
- ￥10,000（税別）（敷物、花瓶別売）

高橋鍛冶屋
The blacksmith TAKAHASHI
出雲市所原町2607-1
TEL. 0853-48-0885
FAX. 0853-48-0896
http://takahashikajiya.jp

● 広島県 ●
Hiroshima

備前「折鶴」
BIZEN "ORIZURU"

2007年　アメリカ賞

この「備前焼　折鶴」は、2005年の60回目の原爆の日にあたり、千羽鶴にちなんで、平和への願いを祈り1,000個制作し、広島で配布させていただきました広島から発信できる、広島だからこそのメッセージ性のある日本から世界に「おみやげ」として伝えていきたいです。
- 6.0cm×9.0cm×4.0cm
- ￥2,000（税別）

備前焼工房　香山
BIZENYAKI KOBO KAYAMA
神石郡神石高原町時安5020-4
TEL. 0847-85-4011
FAX. 0847-85-4019
http://www.kayama-yoshiki.jp

● 広島県 ●
Hiroshima

酒のいろいろ物語
Sake no Iroiro Monogatari

2009年 日本の食品部門：銅賞

地元広島を代表する蔵元さんのご協力と、当社の幾つかの技術が結びつき、それぞれのお酒の特徴と風味を生かしながら、それぞれに合う果汁を選び、お菓子のジュレを…そんなテーマで日々進歩している銘酒のジュレです。

- 6個入：17.5cm×25.0cm×7.5cm
  12個入：24.5cm×32.5cm×7.5cm
- (6個入)¥1,800(税別)・(12個入)¥3,600(税別)

バッケンモーツアルト
BACKEN MOZART
廿日市市木材港北15-24
TEL. 0120-049-022
FAX. 0829-34-4211
http://www.b-mozart.co.jp

● 広島県 ●
Hiroshima

熊野筆
和風化粧筆セット
Kumano Makeup Brush Set with Kimono

2011年 ESSENTIAL JAPAN部門：銅賞

熊野筆の化粧筆は、厳選した素材を用い、熟練した職人の手で一つひとつ丹精込めて作られた手作りの筆です。熊野筆の肌あたりの良さを外出先でもお楽しみ頂けるように、艶やかな着物風の筆巻きポーチとのセット商品です。化粧筆の組合せや和風ポーチの柄のバリエーションも豊富な、和風ギフトボックス入りの商品です。

- 8.7cm×19.5cm×4.2cm(箱のサイズ)
- 22.5cm×18.0cm(和風ポーチのサイズ)
- ¥9,300(税別)

広島筆産業(株)
Hiroshima Artist Brush Manufacturing Co., Ltd.
安芸郡熊野町中溝4-7-24
TEL. 082-854-1145
FAX. 082-854-1146
http://www.artbrush-hiroshima.com

広島県
Hiroshima

祇園坊柿 チョコちゃん
Choco-Chan GIONBO-KAKI (Dried Persimmon)

2015年　飲料・食品部門：準グランプリ

広島県安芸太田町特産「祇園坊柿」の干柿にホワイトチョコをコーティング。"柿の王様"祇園坊柿を手軽に味わえるスイーツです。大塚良成シェフ監修の「抹茶」も大人の味で大好評。広島県の里山・安芸太田町のおばあちゃん達が1本ずつ手作りしています。
今から15年前、「"何も無い"と言われる地元を何とかしたい」と願うおばあちゃん達が開発。その「想い」が共感を呼び、今では町の若者や行政もサポートに加わっています。
- 16.0cm×16.0cm×1.0cm
- ¥500（税別）

安芸太田町観光協会
AKIOTA Tourism Association
山県郡安芸太田町上殿632-2
TEL. 0826-28-1800
http://www.akioota-navi.jp/

● 広島県 ●
Hiroshima

たこ焼きにしか見えない シュークリーム
The TAKOYAKI Cream Puff

2015年　飲料・良品部門：韓国賞

創業395年伝統の技を笑いと驚きにかえて。自家製カスタードを一つ一つ丁寧に焼き上げたシューに閉じ込め、秘伝のショコラソースを添えました。上生菓子の伝統技術を応用し、モノヅクリの原点を目指した逸品です。
- 12.0cm×18.5cm×8.0cm
- ¥630〈税別〉

創業395年 備後福山 虎屋本舗
since1620　TORAYA-HONPO
福山市曙町1-11-18
TEL. 084-954-7447
FAX. 084-954-7499
http://www.tora-ya.co.jp

● 山口県 ●
Yamaguchi

羽ばたくま白石ミーナ スペシャル
HABATAKUMA SHIRAISHI MINA SPECIAL

2012年　ドイツ賞

素敵な洋と和のコラボが実現。和裁士が小さな着物をお誂え。
本物の帯から作った帯にトンボ玉、スワロフスキーで彩った小物。
娘に嫁入り支度するような気持ちでテディベアに着付けました。
親善大使として多くの国で可愛がっていただけますように。
受注生産となります。
- 30.0cm×20.0cm×10.0cm
- ¥40,000〈税別〉

来楽暮（こらぼ）
KORABO
玖珂郡和木町和木2-9-30-5
TEL. 0827-28-4632
FAX. 0827-28-4633
http://www.kimonokuma.jp

● 山口県 ●
Yamaguchi

着物リメイク
正絹ストラップ
kimono remake silk strap

2009年　グランプリ／エコ部門：金賞

中国・四国地方

111

着物は日本人の誇り。華やかで繊細な柄、細やかな刺繍や織、絹の光沢。お宮参り、七五三、成人式、結婚式、人生の大切なステージに着物は彩りを添えてくれます。しかし、日常では着物を着る機会はあまりなく、箪笥の肥やしとなっている現状がありました。リメイクすることで、もう一度命を吹き込こみ、その素晴らしさを世界中の人に伝えたい。
1つ1つ丁寧に手作りされた小さな梅の花には、そんな日本の母の思いと手仕事の温もりが詰まっています。世界中の方々に幸運が訪れることを願って、縁起物である梅の花をモチーフにしました。

● 11.0cm×2.5cm×1.0cm
● ¥500(税別)

来楽暮（こらぼ）
KORABO

玖珂郡和木町和木2-9-30-5
TEL. 0827-28-4632
FAX. 0827-28-4633
http://www.kimonokuma.jp/

● 徳島県 ●
Tokushima

阿波和三盆糖『遊山』
AWA WASANBON-TO "YUSAN"

2014年　飲料・食品部門：入選作

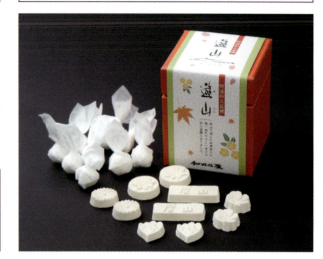

子供たちが野山に遊びに行くときに持たせた「遊山箱」をモチーフに、四季折々の美しい思い出を江戸時代より伝わる阿波和三盆糖で包みました。
竹糖（ちくとう）というサトウキビを原料に、自然なやさしい甘さをお楽しみください。
- 8.5cm×7.2cm×7.2cm
- ￥1,000（税別）

(有)和田の屋
WADANOYA
徳島市眉山町大滝山5-3
TEL. 088-652-8414
FAX. 088-656-1808
http://www.wadanoya.com

中国・四国地方

● 愛媛県 ●
Ehime

日本酒「媛の愛」
NIHONSHU "HIMENOAI"

2006年　食品部門：銅賞

えひめのくにに　いとうまし
さけがあるといふ
お米は愛媛県産「松山三井」のみを使用。各酒蔵の杜氏が腕をふるった特選純米吟醸酒、媛の愛。深い味わいは、豊かな自然に恵まれた四国の地酒処、愛媛ならではのものです。
- 13.6cm×10.2cm×30.0cm
- ￥3,500（税別）

愛媛県酒造協同組合
Ehime Prefecture brewing cooperative
松山市竹原3丁目16-12
TEL. 089-913-8030
FAX. 089-913-1371
http://www.ehime-syuzou.com

● 高知県 ●
Kouchi

ままごとセット
Play house wooden toys

2011年　国際森林年特別賞

お母さんたちの真似がしたくなる、そんなお年頃のお子様にピッタリの玩具です。魚や、レンコン、大根、ケーキ、果物、飴などの沢山の食材があり、リンゴの形をしたまな板の上で、野菜などを包丁でサクサクと切れます。一人あそびだけでなく、友だちや家族と料理ごっこや、お店屋さんごっこをして、長く遊ぶ事が出来ます。好奇心、お手伝い、食育、生活習慣や手指の発達等、ままごと遊びはお子様にとって大切な遊びです。
- 23.0cm×23.0cm×10.0cm
- ¥25,000（税別）

株式会社山のくじら舎
YAMA NO KUJIRA SHA
高知県安芸市川北甲1967番地
TEL. 0887-34-4500
FAX. 0888-13-0167
http://yamanokujira.jp
Mail : info@yamanokujira.jp

● 高 知 県 ●
Kouchi

オス鶴 やまと
OSU-TSURU YAMATO

2008年 ドイツ賞

鶴は古来より民話にも数多く登場し、伝統的な折紙の代表作として国内外で親しまれてきました。この作品は、ステンレス板を手作業にて加工いたしました。
心と心を結ぶ友好と平和のシンボルとして世界に羽ばたけ「やまと」

- 0.025cm×12.0cm×12.0cm
  ※オーダー品。仕上がりは発注後1週間程度。
- ¥3,500〈税別〉

恒おんちゃんの金属製折鶴工房
Tsune-Ontyan Metal Cranes Workshop

須崎市吾井郷乙1741-4
TEL. 0889-42-2502
FAX. 0889-42-2513
http://sea.scatv.ne.jp/~ishida-2502

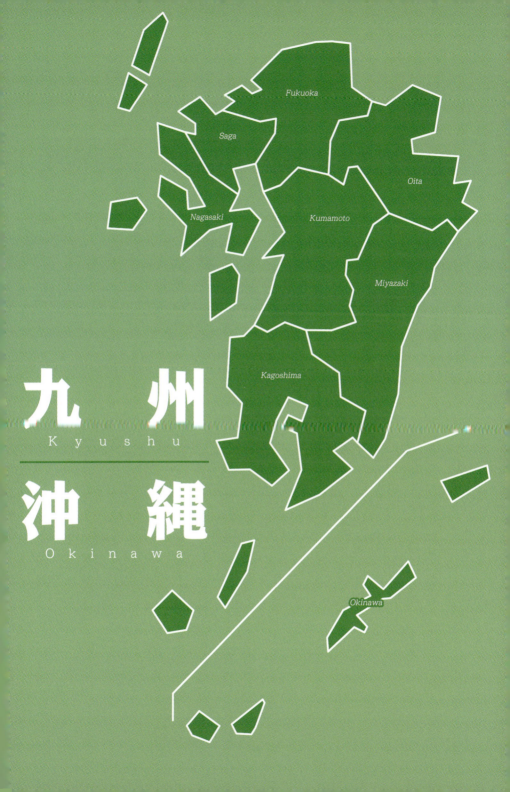

● 福岡県
Fukuoka

おひなさま
〜日本茶ギフト〜
KIMONO "Spring Japanese Tea"

2006年　食品部門:銀賞／香港賞

茶袋を和紙で包んだ着物を羽織らせ「おひなさま」をイメージしました。茶葉は、日本茶インストラクター今村由美が日本の四季をイメージして選んでおります。販売時期に応じて、春夏秋冬、異なる茶葉をお詰めしています。

- 13.0㎝×25.0㎝×3.5㎝
- ￥2,500（税別）

お茶の星陽園
OCHA NO SEIYOUEN
春日市春日3丁目55番
TEL. 092-572-6185
FAX. 092-574-8218
http://www.seiyouen.com

● 福岡県
Fukuoka

世界遺産の香り
屋久杉 香り箱
Fragrant box of the world heritage YAKU cedar

2013年　シンガポール賞

日本世界遺産、屋久島に生育する樹齢千年以上の天然記念物、屋久杉。伐採が禁止され、希少な木材より丁寧に抽出された精油からは大自然の力強さが感じられます。杉の木目が美しいディフューザーを一緒におつけしました。

- 9.3㎝×9.3㎝×13.2㎝
- ￥16,200（税別）

（株）EMI
EMI
福岡市早良区百道浜3-4-10
TEL. 092-832-7307
FAX. 092-832-7308
http://www.emi-style.jp

● 福岡県 ●
Fukuoka

misoya no kitchen シリーズ　DIPみそ
MISOYA no kitchen　DIP MISO (soybean paste)

2014年　飲料・食品部門:ドイツ賞

パン、クラッカー、お野菜に直接塗って食べるディップスタイルの味噌シリーズ。パスタにもお試しください。味噌屋の三代目女将が、伝統食品である味噌の新たな食べ方を提案するために、手作りで制作しています。新しいスタイルのお味噌をお試しください。
● 6.0cm×6.0cm×6.0cm
● ￥648 (税別)

蛭子屋合名会社
Ebisu Miso
飯塚市口原746
TEL. 09496-2-1134
FAX. 09496-2-1135
www.misoyanokitchen.com

● 福岡県 ●
Fukuoka

ゆずすこ
YUZUSCO (citron pepper)

2014年　飲料・食品部門入選

九州名産の柚子こしょうを手軽に楽しんでもらおうと、ゆず皮、酢、こしょう（唐辛子）を絶妙なバランスでまぜあわせたのが「ゆずすこ」。さまざまな料理の味を引き立てる新感覚の調味料です。
● (箱サイズ) 4.0cm×4.0cm×13.5cm
● ￥540 (税込)

(株)高橋商店
TAKAHASHI　SHOTEN
柳川市三橋町垂見1897-1
TEL. 0944-73-6271
FAX. 0944-74-1212
http://www.yuzusco.com

● 福岡県
Fukuoka

The SAMURAI AGE
兜キャップ・頬当て
The SAMURAI AGE Kabuto Cap／Mask

2014年　工芸品部門：入選

戦国武将の兜をキャップでリアルに再現したハンドメイド商品です。
組立式で軽く柔らかな素材を使っているため、持ち運びも簡単です。
被ることはもちろん、付属のスタンドで飾ることができ、いつでも日本らしさを感じられるおみやげです。
- 25.0㎝×25.0㎝×40.0㎝
- ￥8,500・￥9,500〈税別〉

(有)スタッフ
STAFF
福岡市南区大楠2-4-23
TEL. 092-531-2800
FAX. 092-531-9685
http://www.samurai-age.jp

● 福岡県
Fukuoka

竹千寿
A set of "TAKE SEN JYU"

2014年　飲料・食品部門：入選

竹筒の中に風味豊かなおこわを詰め蒸し上げました。
竹ちまき、桜おこわ、鶏ごぼうおこわ、穴子おこわ、鯛バジルおこわの5本セット。食材は主に九州産にこだわりました。
竹のさわやかな香りと風情も一緒にお楽しみいただけます。
- 21.0㎝×23.0㎝×14.0㎝
- (5本セット)￥3,200〈税別〉

(有)アルファー
ALPHA
宮若市倉久890番地
TEL. 0949-33-4150
FAX. 0949-33-3707
http://takesenjyu.jp

● 福岡県 ●
Fukuoka

SAMURAI AGE
ボトルカバー サムライ鎧
SAMURAI AGE Bottle Cover "SAMURAI YOROI"

2015年　グッズ・ノベルティ部門：アイデア賞

戦国武将の甲冑の重厚感をそのままに、ひとつひとつをハンドメイドで丁寧に仕上げました。軽い素材を使用しておりますので、気軽に日本酒等の五合瓶やワインボトルなどに着せて日本らしさをお楽しみいただける商品です。

- 30.0㎝×15.0㎝×14.0㎝
- ￥6,500（税別）

(有)スタッフ
STAFF
福岡市南区大楠2-4-23
TEL. 092-531-2800
FAX. 092-531-9685
http://www.samurai-age.jp

九州・沖縄地方

● 福岡県 ●
Fukuoka

兜飾り
（カブトカザリ）
KABUTO KAZARI (Wood Craft)

2015年　グッズ・ノベルティ部門：デザイン賞

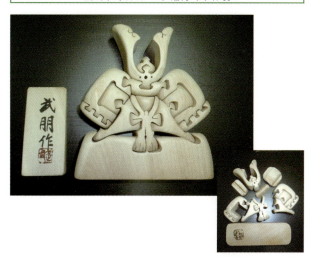

北海道産木材を5年以上乾燥させてやっと作品創りができます。糸鋸から研磨まですべて1人の職人の手で丁寧に美しく仕上げられています。
組み上がった作品は、どこを持ってぶら下げてもバラバラになりません。

- 3.8～4.0㎝×14.0㎝×13.0㎝
- ￥8,000（税別）

(有)廣松突板
HIROMATSU TSUKIITA
大川市三丸812-2
TEL. 0944-88-1700
FAX. 0944-88-1701
http://hiromatsu-leaf.jp

● 福岡県 ●
Fukuoka

花結び香
HANAMUSUBI-KOU　(Flower knot incense)

2015年　グッズ・ノベルティ部門：ユーティリティ賞

作品はご当地布（博多織、小倉織、久留米絣、阿波しじら、三河木綿、江戸小紋など）の香袋を作り、それに日本伝統の花結びを飾り、ストラップに仕上げています。香袋の中味は和香やラベンダー。香りと結びを楽しんでください。
- 5.0cm×15.0cm
- ¥700（税別）

(株)岸田商店
KISHIDA-SYOUTEN
北九州市戸畑区浅生2-16-22
TEL. 093-871-4626
FAX. 093-871-4627

● 佐賀県 ●
Saga

花紋飯碗（黒、赤）
Flower pattern China Bowl (black, red)

2005年　韓国賞

温かみを感じる乳白色の釉薬の上に、大胆な花紋を手描きした心はなやぐ飯碗。陶器ですので、はなやいだ中にも土のあたたかさを感じられます。表面の細かい貫入（ひびのようなもの）は焼成時にできる陶器特有のものです。
- 約11.3cm×11.3cm×7.0cm
- ¥1,400（税別）

陶磁器ショップ 藍土（らんど）
China Shop Land
西松浦郡有田町幸平1-2-10
TEL. 0955-42-3208
FAX. 0955-42-3208
http://www.holiday-land.jp/

● 佐賀県
Saga

有田焼マウスパッド 桜樹紋
ARITAYAKI Mouse Pad "SAKURAJYUMON"

2006年　民工芸品部門：銅賞／韓国賞

世界に誇れる日本の伝統工芸・有田焼のマウスパッド。図柄には、日本の代表的な花である桜樹紋柄を採用しました。表面には光触媒を施しており、紫外線や蛍光灯の光が当たることで表面に付着したウイルスやカビ菌を分解します。
- 18.0cm×14.0cm×0.5cm
- ￥7,600（税別）

（株）鯤コーポレーション
KON Corporation
武雄市山内町大字宮野松ノ木原22646
TEL. 0954-20-7115
FAX. 0954-20-7116
http://www.saga-kon.co.jp

● 佐賀県
Saga

古伊万里酒カップ「NOMANNE」
KOIMARI SAKE-CUP "NOMANNE"

2007年　食品部門：銅賞／香港賞

佐賀・古伊万里酒造の酒を佐賀・有田焼の器に入れて、丸ごと佐賀を感じていただける商品をつくりました。
お酒は佐賀県原産地呼称認定酒の純米酒です。
米の優しさを味わっていただける日本酒です。
- 7.0cm×7.0cm×11.7cm（ケース入サイズ）
- ￥1,600（税別）

古伊万里酒造（有）
KOIMARI-SYUZOU
伊万里市二里町中里甲3288-1
TEL. 0955-23-2516
FAX. 0955-23-8560
www.sake-koimari.jp

九州・沖縄地方

● 佐賀県 ●
Saga

セラミック ワインキャップ
Ceramic Wine Cap

2008年　職人技部門：銅賞／香港賞

セラミック ワインキャップはおみやげとして、荷物にならず軽量でしかもインパクトのある日本を感じる商品です。
ワインは世界各国で愛され、コルクの大きさもほぼ共通。受け取る方の笑顔が送る方の喜びに変わる商品です。

- 46.0cm×64.0cm×24.0cm
- ¥1,800〈税別〉

文八工房
BUNPACHI KOUBOU
西松浦郡有田町上幸平1-6-3
TEL. 0955-42-3153
FAX. 0955-42-3153
http://www.bunpachi.com

● 佐賀県 ●
Saga

ハローキティー 組み木
HELLO KITTY (Wood Craft)

2010年　LUXURY JAPAN部門：銅賞

組み木作家、福岡木楽舎の廣松氏は北海道の大自然の中で修行を積みました。本商品は、1日3点というこだわりのハローキティ・組み木です。生誕35周年を記念して製作されました。また、材料にもこだわった組み木です。

- 14.0cm×11.0cm×4.0cm
- ¥12,000〈税別〉

(株)オフィス・タカハシ、福岡木楽舎
Office TAKAHASHI & Fukuoka KIRAKUSHA
神埼郡吉野ヶ里町大字大曲6036
TEL. 0952-53-8234
FAX. 0952-53-8254
http://www.saga-shop.co.jp

● 佐賀県 ●
Saga

有田焼
古伊万里ワインカップ（小）
OLD IMARI Wine Collection

2010年　グランプリ／LUXURY JAPAN部門：金賞

有田焼は17世紀に日本で最初に誕生した磁器です。その特徴は白磁の素地と情感漂う染付や美しい色絵といった多彩な絵付けにあります。
鮮やかな色絵に金彩を施した金襴手様式のワインカップは、華麗で格調の高い雰囲気が世界中の方々から高く支持されています。
時代をこえて愛される有田焼の伝統ある美しさが魅力です。
お土産やギフトとして、箱を開けた瞬間、豪華な金彩のワインカップは、とても美しく印象に残ります。
● ⌀4.0cm×9.0cm
● ¥5,000〈税別〉

(株)賞美堂本店
SHOBIDO HONTEN
西松浦郡有田町中の原1-1-13
TEL. 0955-42-2261
FAX. 0955-42-2180
http://www.shobido-honten.com

● 佐賀県 ●
Saga

富士山 ペアぐい呑
Twin Sake-cup "Mt.Fuji"

2011年　韓国賞／イギリス賞

「夕日に照る赤富士」と「湖に映し出される逆さ富士」をモチーフに創りあげた、有田焼のぐい呑です。世界文化遺産に登録された富士山は日本のイメージや美の象徴として、世界に認められ、親しまれています。
- ∅6.3㎝×4.8㎝
- ¥3,000（税別）

(有)金照堂
KINSHODO
西松浦郡有田町赤坂丙2351-169
TEL. 0955-43-2007
FAX. 0955-43-2017
http://www.kinshodo-shop.co.jp

● 佐賀県 ●
Saga

有田焼マグネット
ARITA Porcelain Magnet

2011年　カナダ賞

有田焼で作られたマグネットは、キッチンやオフィスのデスクまわりなどの日常の生活の中をお洒落で素敵に演出します。
有田焼の伝統的な文様を身近なところで、愛でて楽しんで頂けます。小さいので、お土産にも最適です。
- ∅4.2㎝
- ¥800（税別）

(株)賞美堂本店
SHOBIDO HONTEN
西松浦郡有田町中の原1-1-13
TEL. 0955-42-2261
FAX. 0955-42-2180
http://www.shobido-honten.com

● 佐賀県 ●
Saga

mokumogu 木のフォーク
mokumogu (Wooden Fork)

2014年 工芸品部門：入選

木のカタチをしたフォークをスタンドにさすとまるで森のよう。この木のフォークは、ケータリングや親子でのお菓子作り、楽しい食卓のシーンをイメージして生まれました。木のおもちゃを作る飛鳥工房ならではの作品です。
- 29.0㎝×22.0㎝×10.0㎝
- ￥7,000（税別）

(株)飛鳥工房
ASUKA KOUBOU
佐賀市諸富町徳富112-4
TEL. 0952-47-5697
FAX. 0952-47-6307
http://www.asukakoubou.com

● 佐賀県 ●
Saga

花鳥風月 箸置
Beauties of Nature (chopstick rest)

2015年　グッズ・ノベルティ部門：ドイツ賞

「花」は梅、「鳥」は千鳥、「風」は雲、「月」は三日月がモチーフ。どれもかわいらしく彩りもあざやか。化粧箱入りで贈り物やお土産にもぴったり。日常の食卓はもちろんお正月やお祝いの席にも活躍してくれそうです。
- 花:3.5㎝×1.2㎝　鳥:3.5㎝×1.0㎝
  風:4.2㎝×1.2㎝　月:3.6㎝×0.8㎝
- ￥2,400（税別）

(有)金照堂
KINSHODO
西松浦郡有田町赤坂丙2351-169
TEL. 0955-43-2007
FAX. 0955-43-2017
http://www.kinshodo-shop.co.jp

● 熊本県 ●
Kumamoto

隠れ里の柚子こしょう
KAKUREZATO no Yuzu Kosho (citron pepper)

2008年　フランス賞

厳しい自然環境が良質で香り高い柚子を育てます。自然の色と風味を最大限に活かすよう手作業で一つ一つ皮を剥き、丁寧に仕込みます。若々しく鮮烈な香りの青、完熟した芳醇な風味の赤。共に100％地元産柚子と唐辛子を使用。無添加。
- ⌀4.5㎝×5.0㎝（内容量:50g）
- ¥500（税別）

(株)いずみ
Izumi
八代市泉町下岳3296番地1
TEL. 0965-67-3500
FAX. 0965-67-3510
http://www.izumimura.com/fureai

● 鹿児島県 ●
Kagoshima

鹿児島黒豚黒カレー
Kagoshima Black Curry

2014年　飲料・食品部門：特別賞

鹿児島県は黒の食材の宝庫で、黒カレーは極上素材の黒づくし黒豚・黒ごま油・黒酢・竹炭を使用。黒い色の食べ物は少ないですが、色のイメージとはかけ離れ、口当たりはまろやか。食べた後スパイスが胃の中で弾ける旨味カレー。パスタソースとしてもGood！
- 20.0㎝×13.0㎝×2.0㎝
- ¥900（税別）

薩摩藩古民家 カレーテリア沙羅
CURRYTERIA SARA
鹿児島市郡山町2292
TEL. 099-298-3866
FAX. 099-298-3866
http://www.sara-kagoshima.com

● 鹿 児 島 県 ●
Kagoshima

桷志田の
食べる黒酢 ちょい辛
KAKUIDA no Taberu Kurozu Choikara (VINEGAR)

2014年　飲料・食品部門：入選

黒酢の郷・鹿児島県霧島市福山町にて、江戸時代から伝わる伝統製法を用いて3年以上熟成させた黒酢を使用し、甘辛いソースを開発いたしました。温かい白飯や焼き肉、野菜スティックにつけてお召しあがりください。
- 7.5cm×7.0cm×7.0cm
- ￥524（税別）

福山黒酢（株）
FUKUYAMA KUROZU
霧島市福山町福山2888番地
TEL. 099-218-8345
http://www.kakuida.com

● 沖 縄 県 ●
Okinawa

沖縄柄お箸
5本セット
Okinawa Printed Chopstick 5P

2010年　COOL JAPAN部門：銅賞

国内産地で作られたお箸に、沖縄の伝統柄をプリントした、純国産にこだわった商品です。
ご家族でお気に入りの柄を選んだり、今日の気分に合わせて使ったりと楽しみ方もいろいろあります。
- 11.5cm×25.0cm×1.5cm（パッケージ寸法）
- ￥1,500（税別）

南風堂（株）
NANPUDO
沖縄県糸満市西崎町4-15-2
TEL. 098-995-3111
FAX. 098-995-3113

● 沖縄県 ●
Okinawa

和装箸袋
HASHI−BUKURO (chopstick envelope)

2014年 工芸部門:準グランプリ

和紙を用いた創作箸袋で日本の和装美を表現しました。
この箸袋が、ユネスコ無形文化遺産に登録された、日本人の気質に根差す素晴らしい「和食」の文化を引き立たせ、おもてなしの心を伝えることを願って……。

(株)沖縄ゴールデンファーム
Okinawa Golden Farm
沖縄県那覇市泊2-1-18 T&C泊ビル5F
TEL. 098-943-1505
http://www.okinawagoldenfarm.com/product

おみやげ四方山話（よもやまばなし）

由来にも通じる日本人の土産好き

「その土地の産物から、『とさん』『どさん』と言われるようになった」「よく見て選び、人に差し上げる『見上げ』からきている」「神社からもらう御札をはる板である『宮笥（みやけ）』に由来している」など、土産（みやげ）の起源は、諸説あります。どの説も、なるほどと思えますね。

国内の観光地のお土産物売り場を覗いてみると、必ず、たくさんの数の菓子が入った土産がずらりと並んでいます。同じ種類のものでも、10個入り、20個入り、30個入りと、配る人数に合わせて選べるような、買う人のニーズに応えるラインナップ。職場の同僚や同級生など、私たちは、それほど親しくない間柄でも、大勢の人にお土産を配ってきました。

こうしたお土産の渡し方は、日本人に見られる独特の傾向のようで、外国人、とりわけ欧米人は、主にお土産は自分の旅の思い出のために購入するといいます。いつも一緒に働いている人や学んでいる仲間に等しく土産を配る──それは、かつてお伊勢参りに行った人たちが、村人みんなにお土産を持ち帰ったことにも通じているような気がします。

おみやげグランプリ

ふるさと祭り東京実行委員会

　「おみやげグランプリ」は、ふるさと祭り東京実行委員会が観光庁主催で行なわれていた「魅力ある日本のおみやげコンテスト」の事業を2014年に継承し、毎年1月に日本の祭と食が東京ドームに一堂に集う大祭典「ふるさと祭り東京」のコンテンツとして開催しています。

　元々は外国人から見て魅力的なおみやげを募集するコンテストだったのですが、「ふるさと祭り東京」らしく、日本全国から募集したおみやげを厳選し、会場内で展示・販売することにより、来場される約40万人超のお客様に見て・買って・食べて・楽しんでもらうというライブ形式で、日本や地域ブランドの発掘及び振興を目指していきます。

　そして、海外も含めた多くの方々に、こうしたエンタテイメント性を感じながら、「おみやげグランプリ」を通じて、日本のおみやげには伝統的なものから革新的なものまで、素晴らしい技術やアイデアなどがまだまだたくさんあるということを知ってもらいたいと思っております。

観光庁監修
ニッポンのお・み・や・げ

2016年2月18日　第1刷発行

編　者	日本地域社会研究所
監修者	国土交通省観光庁
編集協力	ふるさと祭り東京実行委員会
	公益社団法人 日本観光振興協会
	一般社団法人 日本旅行業協会
	舟宮光春　御友重希　中尾博兆　齋藤教子
発行者	落合英秋
発行所	株式会社 日本地域社会研究所
	〒167-0043 東京都杉並区上荻1-25-1
	TEL （03）5397-1231（代表）
	FAX （03）5397-1237
	メールアドレス tps@n-chiken.com
	ホームページ http://www.n-chiken.com
	郵便振替口座 00150-1-41143
印刷所	中央精版印刷株式会社

Ⓒ Japan Institute for Community Affairs　2016 Printed in Japan
落丁・乱丁本はお取り替えいたします。
ISBN978-4-89022-176-9